大家文丛

大家文丛

云南光复纪要

周钟岳◎著　　蔡　锷◎参订

雲南人民出版社
雲南大學出版社

图书在版编目（CIP）数据

云南光复纪要 / 周钟岳著；蔡锷参订. -- 昆明：云南人民出版社，2017.12
（云南文库. 大家文丛）
ISBN 978-7-222-16728-5

Ⅰ. ①云… Ⅱ. ①周… ②蔡… Ⅲ. ①辛亥革命—史料—云南 Ⅳ. ①K257.06

中国版本图书馆CIP数据核字(2017)第289767号

出 版 人：赵石定
统筹编辑：马维聪
原版编辑：郭木玉　张力山
责任编辑：陈　亚
责任校对：余丽红　陶汝昌　段金华
责任印制：洪中丽
装帧设计：刘　雨　郑　治

大家文丛

云南光复纪要
Yunnan Guangfu Jiyao

周钟岳　著　蔡　锷　参订

出　版　云南人民出版社　云南大学出版社
发　行　云南人民出版社　云南大学出版社
社　址　昆明市环城西路609号　昆明市一二一大街182号
邮　编　650034　650091
网　址　http://www.ynpph.com.cn　http://www. ynup. com
E-mail　ynrms@sina.com　market@ynup. com
开　本　787mm×1092mm 1/16
总印张　11.25
总字数　184千
版　次　2017年12月第2版第1次印刷
印　刷　云南国方印刷有限公司
书　号　ISBN 978-7-222-16728-5
定　价　35.00元

如有图书质量及相关问题请与我社联系
审校部电话：0871-64164626　印制科电话：0871-64191534

前　言

习近平总书记在党的十九大报告中指出:“文化是一个国家、一个民族的灵魂。文化兴国运兴,文化强民族强。没有高度的文化自信,没有文化的繁荣兴盛,就没有中华民族伟大复兴。要坚持中国特色社会主义文化发展道路,激发全民族文化创新创造活力,建设社会主义文化强国。”

中国特色社会主义文化,源自于中华民族五千多年文明历史所孕育的中华优秀传统文化,熔铸于党领导人民在革命、建设、改革中创造的革命文化和社会主义先进文化,植根于中国特色社会主义伟大实践。发展中国特色社会主义文化,就是以马克思主义为指导,坚守中华文化立场,立足当代中国现实,结合当今时代条件,发展面向现代化、面向世界、面向未来的,民族的科学的大众的社会主义文化,推动社会主义精神文明和物质文明协调发展。要坚持为人民服务、为社会主义服务,坚持百花齐放、百家争鸣,坚持创造性转化、创新性发展,不断铸就中华文化新辉煌。在实现中华民族伟大复兴中国梦的征程中,我们要坚定中国特色社会主义道路自信、理论自信、制度自信、文化自信。文化自信是更基本、更深沉、更持久的力量。中华民族有着深厚文化传统,形成了独特的精神标识,体现了中国人几千年来积累的知识智慧和理性思辨,这是我国的独特优势。中华文明延续着我们国家和民族的精神血脉,要加强对中华优秀传统文化的挖掘和阐发,使中华民族最基本的文化基因与当代文化相适应、与现代社会相协调,把跨越时空、超越国界、富有永恒魅力、具有当代价值的文化精神弘扬起来。要推动中华文明创造性转化、创新性发展,激活其生命力,让中华文明同世界各国人民创造的多彩文明一道,为人类提供正确精神引领。

中国是一个统一的多民族国家,在中华文化版图上,各地方的文化历史悠久,各具特色,丰富多彩。

云南地处祖国西南边陲,山川秀丽,民族众多,文化富集。是人类最早的发祥地之一。在这片土地上,既有灿烂的古代文明,也有近现代光荣的历史,底蕴厚重,影响深远。这是世代云南人民在发展完善自身的历史探索和社会实践创造中留下的宝贵历史遗产,是祖祖辈辈在不同领域、不同时期形成的民族智慧和传统文化的深层积淀,是云南历史得以传承和延续的不竭动力,是云南各民族团结进步的精神支柱。

千百年来,云南人民用自己的辛劳和智慧,守护祖国边疆,建设美丽家园。历经世代耕耘,薪火相传,创造了丰富多彩的民族文化;历经社会变迁、民族融合、文化认同,云岭大地钟灵毓秀,星光灿烂,诞生了无数杰出人物,涌现了诸多名家大师,产出了大批传世经典,为云南文化发展做出了卓越贡献。

云南有丰厚的学术文化传统。中原文化很早就在这里传播,大量的汉文典籍源源不断传入并积淀,成为云南文化的根基与传统。而地方、民族与边疆文化的诸多特色亦在云南文献中得以彰显。就地方特色而言,编史修志从来都是文化胜业,且成绩斐然。文献、专著、文集不断被创制和保存,民国年间辑刻的《云南丛书》,“初编”、“二编”即达二百零五种一千六百三十一卷及不分卷的五十册。其后更有数以万计的图书文献问世。从民族特色来说,云南民族众多,文化多元,民族典籍文化源远流长,傣族的贝叶文献、彝族的毕摩文献、纳西族的东巴文献、藏族文献、白族文献等，早已产生了世界性影响，是人类共同的文化财富。就边疆特色来看，记载或论述边地、边境、边界、边民、边防及边贸等内容丰富的边疆文献，种类多、价值高，历来都受重视。尤其是在今天云南建设民族团结进步示范区、生态文明建设排头兵、面向南亚东南亚辐射中心，建设文化强省的征程中，云南典籍文献的整理与研究被赋予了更为神圣的文化使命，推进到了新的发展阶段。盛世兴文。云南省决定实施文化建设基础工程，组织编辑出版一套具有文化保存与传承价值的大型学术文献丛书——《云南文库》，弘扬滇云文化，砥砺三迤后人，昌明云岭学术，功在当代，利在千秋。

《云南文库》分为三个系列。一是《当代云南社会科学百人百部优秀学术著作丛书》，收录中华人民共和国成立后出生的年轻一代云南学者的优秀作品。二是《学术名家文丛》，收录辛亥革命至中华人民共和国成立前出生的云南学术名家的代表之作。三是《大家文丛》，收录辛亥革命以前的云南学术大家的传世著作。通过整理和总结、展示与交流，努力促进今日云南学术文化的建设与繁荣，意义深远。

编纂《大家文丛》，是承传云南学术文化，保存云南记忆的基础性文化工程。从古至今，云岭大地孕育了诸多硕学鸿儒、名家大师、文化先贤，可谓星光灿烂。长久以来，红土高原产生了大批思想深邃、智慧非凡的光辉著作，蔚为大观，逐渐形成了具有云南自身特点的学术特色与知识谱系。今天，我们拾起历史长河的明珠，拂去传世经典的蒙尘，重新整理和展示云南学术史上的高峰之作，就是为了重构云南地方知识与文化，增强传统文化区域性叙事中存在的精神感召力，传承和弘扬优秀民族文化，以滇云文化和云南记忆，填充中华民族多元一体的文化版图。

编纂《大家文丛》，是打造云南文化品牌，增强文化自信的重要举措。云南悠久的历史文化、丰富的民族文化、独特的生态文化、包容的宗教文化,是中华文化百花园的重要组成部分。以云南学术大家及其皇皇巨著为承载的云南文化,是云南社会发展的文化源泉,是云南人民的智慧结晶。编纂丛书,就是为了回归滇云文化的本源,筑牢文化自信的根基,为更多的人了解云南搭建平台,为研究云南构筑载体,为发展云南提供借鉴,在更高层次和更宽领域传扬云南文化精神,打造云南文化品牌。

编纂《大家文丛》,是弘扬优秀民族文化,促进文化繁荣兴盛的基础工程。习近平总书记在考察云南时指出:“云南少数民族文化是中华民族文化的重要瑰宝,要积极加以支持和发展,彰显民族文化的个性和特色。”我们将努力以编纂《大家文丛》等文化精品为契机,继承优良传统,发挥地域优势,突出民族特色,提高格局站位,积极推动学术创新,努力创造更多优秀的学术成果和文化精品,以滇云文化涵养云南人民,助力云南实现跨越发展。

《大家文丛》得以面世,凝聚着先哲大家的心血和智慧,离不开今贤同仁的奉献与付出。省委宣传部领导组织有力,省社科联、省文史馆、云南大学、省图书馆、云南人民出版社等相关单位和参与整理编校的专家学者不辞辛劳,通力协作,玉成丛书。翰墨流芳,文化永续。在此,向所有的参与者表示崇高的敬意和衷心的感谢。《大家文丛》是《云南文库》的压轴之作,从构思到付梓,离不开广大读者和社会各界人士的支持,在此谨致谢忱。

文化建设没有终点。希望社会各界继续支持《云南文库》编校出版工作,欢迎各方有识之士积极参与到云南文化建设的伟业中来。

《云南文库·大家文丛》编委会

2017年11月

出版说明

一、《云南光复纪要》（以下简称“本书”）修纂于20世纪初叶，总纂周钟岳于新中国成立后受云南省人民政府礼聘，曾任云南省文史研究馆馆员。

二、本书曾于1991年由云南省文史研究馆、云南省社会科学院文献研究室以内部资料形式印制2000册，供研究人员参考使用。具体承担其事者为云南省文史研究馆馆员、云南省社会科学院文献研究室特约研究员李东平。

三、鉴于本书的史料价值，云南省文史研究馆将其纳入“云南文史书系”予以正式出版，并收入《云南文库·大家文丛》。

四、本次出版对1991年内部资料版原书有修订。此前云南省社会科学院文献研究室机构已撤销，相关人员或故或散已无从咨证。为既不湮前人之功又为今人所为承责计，本次出版即独以云南文库推出并完整附以原有封面信息，以供读者了解。

五、1991年内部资料版之《前言》，援例名《初版前言》以别；《附录》原貌保留。

六、本书因成书较早，故具有辞风古雅、文白相杂的语言特点，与后世之现代汉语白话文表达多所相异。本次出版以尊重原貌为原则，未尽按现行图书出版质量标准强加规范，以免损害原书风貌。

七、本次出版中重加修订的情况，详告读者如下。

1. 繁体改简体。本次出版为简体字版，1991年内部资料版（亦为简体字版）中存在繁简不一的情形，此在不影响内容的前提下，均统一改用简体字。

如："麕集"改如"麇集""讬"改"托"等。

2. 统一。对书中前后不统一的数字、标点、用字按现行图书质量标准，进行了规范统一。

如："稿本三种"改如"稿本3种"，"《光复起源篇》"改如"'光复起源篇'"，"六、七日间"改如"六七日间"

另"第一、""第一，"前后不一者，统改如"第一，"，"筹画""筹划"混用者，统改为"筹划"等等。

3. 改错。明显谬误改之有据者，酌加改正。人名之错尤多，如："周钟岳"误作"周钟丘"，"沈汪度"误作"沈汪渡"，"赵式铭"误作"赵铭式"，"罗佩金"误作"罗佩全"等。

其他如："疼加剿击"改如"痛加剿击"，"省垣大定，卫戍部撤消"改如"省垣大定，卫戍部撤销"，"迤东设矿务股分有限公司以兴办实业"改如"迤东设矿务股份有限公司以兴办实业"，"给出场外操演"改如"迨出场外操演"等等。此不详述。

4. 异而不错者原之。书中具有民国年间表述风格的语法、文字、格式，与今相异而并非错谬者，沿其原貌。

如："谢汝翼洞军械局围墙，更以药炸之。"，"以次收复"，"著"通"着"等。

另：条目并列以"一、一、一、一……"以示，其意为"一、二、三、四……"者，皆沿之。

它如："援黔第一梯团编组如左"，系因原书成稿时书写习惯为自右至左直排，"如左"意为"如下"，今未做改动，相信读者自能明辩；

5. 补遗。有缺漏字情形，如"第一梯团长谢翼"者，据前后文及可靠史料补为"第一梯团长谢汝翼"。

6. 存疑。有怀疑谬误但改之无据者，在不影响阅读的情况下，仍原之。

7. 加注。有怀疑错谬并影响阅读但改之无据者，以（）内加注的形式，提供读者参考。

如:“俄有报琦绮至者,乃踉跄返蒲缥。”其意难解,改如“俄有报琦绮(缇骑)至者,乃踉跄返蒲缥。”“省自为政,力央力薄”,改如“省自为政,力(中)央力薄”;“蜀中捧客、痞匪”改如“蜀中捧(棒)客、痞匪”等等。

8. 其他。郭燮熙“建设篇”与周钟岳“建设篇”有其所引函电内容相同者千五百字,而标点不一、分段不同、文字脱漏不经者,两相对照后酌加统一。

如:周本作“谓宜各省入,悉报由中央视各省缓急情形,量为分配,”现据郭本改如“谓宜将各省岁入,悉报中央,由中央视各省缓急情形,量为分配,”等等。

八、最后,云南人民出版社郭木玉同志对书稿进行了极其审慎和富有水准的编校;昆明市博物馆田建同志通读清样,发现许多新的问题并提出处理建议;中共云南省委宣传部刘荣同志对出版审核工作给予大力支持,等等。他们为本书贡献良多,在此一并致谢。

九、编者学识所限,谬误难免。谨能以对学术之赤诚,做以基础工作。未尽善处,俟后之来者审核校订,成权威之论,即学术之福也。

二〇一一年八月十日汪宁谨记

彰显前贤以启来者

——《云南光复纪要》代序

百年前的辛亥之秋，武昌起义的枪声划破了沉沉夜空。无数仁人志士怀着理想，以鲜血和生命在共和的旗帜下凝聚——“圣文神武的皇帝，也是可以倒去的。大逆不道的民主，也是可以建设的。”（毛泽东：《民众的大联合》）——统治中国几千年的君主专制制度一旦结束，共和，则在四万万个热烈的期待中应时而生。一九一一，以其特殊的里程碑意义而成为新与旧、现代与过去的自然分水岭。

云南边徼，向称不毛而响应义举并不稍缓。在摧枯拉朽，扫除帝制的革命浪潮中顺应历史大势，于重九之夜作出了光明的抉择。尤为历史所记取者，在随后的护国讨袁中，首树义帜，再造共和，建立了无愧于时代的不朽功勋。

百年过去，检点历史中我们看到：以辛亥革命为起点，三迤儿女与全国各族人民一道，前仆后继，不断探索，在争取民族独立、人民解放的道路上共同书写了惊天地、泣鬼神的壮丽史诗，彻底结束了近代中国内忧外患、积贫积弱的悲惨命运，开启了中华民族不断发展壮大、走向伟大复兴的光明旅途！如今的华夏大地，经济发展，边疆稳定，民族团结，文化繁荣，综合国力不断提升，民主政治在探索中前进，国家繁荣昌盛，人民幸福安康，走出了一条独具特色的发展道路，勃勃生机，为世瞩目；伟业丰功，彪炳史册！

当救亡已成过往，复兴之路正道可期，文明的崛起成为中华儿女新的期待——这是我们的使命与责任！融合与抉择中，那冷静的思考，需要前瞻，更需要回望，需要在对历史的回望中沉着思考。唯其如此，才真正有可能去探求、担当人类发展的大道正途。

前贤丰功值得记取，后浪前推岂无蛟龙。在世界面前，愿我滇云儿女华夏子孙上承先贤余脉，再立时代新功，古韵新声新气派：我还是我，我还是新我！

谨以代序。

云南省文史研究馆

二〇一一年八月九日

目　　录

初版前言

《云南光复纪要》编纂于1913年，总纂周钟岳，分纂赵式铭、郭燮熙、张肇兴，全稿经蔡锷审改订正。

该书记述云南辛亥革命史实及1912—1913年间云南重大军政事务，编纂人员亲与其事，资料丰富，记载翔实，可视为云南辛亥革命文献中可信征的史料。据郭燮熙《分纂云南光复纪要小引》称，本书制题10篇，即：光复起源篇、光复上篇、光复下篇、军事纪要篇、建设篇、迤西篇、迤南篇、援川篇、援黔篇、西征篇。赵式铭分纂第1—4篇，郭燮熙分纂第5—7篇，张肇兴分纂第8—10篇。全稿均已完成，经蔡锷审订后拟付印，适蔡锷调京未印，全稿移存云南军都督府，后遗失。1919年，云南文献委员会征求云南地方文献，此稿曾一度出现，但已残缺不全，未加整理，不久又复散失。新中国成立后，云南省图书馆清理旧藏，发现大部分手抄稿本，除《建设篇》有残损及缺《西征篇》外，其余均完整。1965年，后赵衍荪在家中发现其祖赵式铭所纂《西征篇》。至此，除《光复下篇》及《军事纪要篇》尚未寻获外，其余均已重见于世。本书史料为研究云南地方史志的主要参考资料，《续云南通志长编》《云南文史资料选辑》等书刊已作部分转录或引用，但对照现存原稿本，仍有错漏，特别经蔡锷增删改订者，未据以改正。为真实再现《云南光复纪要》本来面目，按原稿本进行整理，公诸于世，以飨读者，并为纪念辛亥革命80周年献上薄礼。

兹就各篇情况作如下说明。

一、光复起源篇　为赵式铭编纂，蔡锷订正。稿本封面有蔡锷手书“云南光复纪要”“光复起源篇”等字。内容分为三部分。第一部分追叙元、清两代以异族入主中国，认为是“两次失国”。第二部分略述英、法帝国主义者灭亡缅甸、越南及对云南侵略史略。第三部分叙述云南革命志士反清史实，以此作为云南光复的“起源”。所载史料及当时对历史的认识，可供参考，但对辛亥革命的历史必然性未能做出正确的解释，同时也反映了某些民族偏见。

二、光复上篇　为赵式铭编纂，蔡锷订正。稿本封面原题有“蔡松坡先生稿”“滇省光复始末记”。书中正文前有蔡锷亲笔题名“光复篇第二”，正文中“十三日军政府成立而宣告独立”句后，有蔡锷亲笔浮签一条，文云：“以下接红丝格本第三页后面〇〇〇外府州县”，此“红丝格本”迄未获见，无从查补。惟查云南省图书馆藏《续云南通志长编·大事一·光复一·军政府》稿本“军政府之成立也”句下，接有“外州府县亦传檄而定……”等文，历叙云南军政府的组织人事及所发布的云南独立文告，以“军政府”为标题，列为专节，似即为《光复下篇》之文。本篇记述昆明重九起义时战斗经过，附有“阴历九月十六以前之事”16条及“九月十六以后迄九月杪之事”19条，有简短评述5条，扼要提供了云南光复期间重大史事纲目。

三、建设篇　有稿本三种，分别为郭燮熙、周钟岳、赵式铭编纂。郭稿有蔡锷亲笔在《建设篇》题下加“第七”，可能为原定篇目次序。周稿在题下也有蔡锷添加“第七”两字，在正文中有蔡锷所增“副总统黎元洪倡军民分治之说，军府采群言”等字。赵稿中未有批改痕迹。本篇三稿均记述云南军督府的建立、组织、人事及内政设施，并有“建议中央关系国家大计者”。三稿于史事详略有所不同，赵稿于地方行政机关的改建详于郭、周两稿。

四、迤西篇　有上中下三册，为张肇兴编纂，蔡锷订正。封里有蔡锷批文云：“此稿上、中、下三篇皆文简事核，较初稿为佳。文内略有误，已签注，希查照更正。”又批云：“事之无关重轻者，可删去为当。七月一号。”盖有“蔡锷之印”印章。正文中多处有蔡锷增删墨迹及眉批。张肇兴为大理人，参与大理起义，任迤西自治机关总部参事，故记述迤西各属举义事甚详。然对大理与腾永军事冲突，有所偏袒，可与《滇贤先事录》《西事汇略》参照考核。

五、迤南篇　为郭燮熙编纂，蔡锷订正。稿本多处有蔡锷增删墨迹。本篇记述临安、蒙自、个旧、开化等处举义及敉平清吏反抗和各地匪乱史实。

六、援川篇　有稿本两种，分别为张肇兴、周钟岳编纂。张稿篇首有蔡锷写“速缮一份送谢、李两师长复阅。七月二号”浮签，盖有“蔡锷之印”印章。正文多处有蔡锷涂改增删墨迹。另有浮签指示给编纂人员增加有关叶荃、方声涛电请暴成都政府罪，请济械练兵平蜀乱事，稿本已按此加入。周稿所记援川史事较张稿详细，对川军多贬辞，录电文过多，未见蔡锷审定痕迹，或系后来补写。此篇记述云南军政府成立后，川省局势混乱，军政府应黄兴、黎元洪号召，组织北伐军取道四川，支援武汉革命军。滇军第 1、第 2 梯团分道入川，协助渝、蓉革命军平定匪乱，促成渝蓉军政府合并统一史实。稿中涉及川滇间政治、军事矛盾冲突情况，多有偏袒滇军之处。

七、援黔篇　为郭燮熙编纂，蔡锷订正。正文多处有蔡锷增删墨迹。本篇记述唐继尧率军平黔乱及中央任命唐继尧为黔都督事，多据滇军政府官书文牍叙述。

八、西征篇　原为张肇兴编纂，原稿已失，后有赵式铭稿本，篇首题有“赵式铭编纂，蔡锷订正”字样，待考。本篇记述 1912 年西藏叛乱，藏兵进逼川界，滇军奉中央命令组师西征史实，其中有关滇川与西藏沿边形势及藏民内向，尤多记述。

附录郭燮熙《分纂云南光复纪要小引》一文，备供参考。

全书整理按原稿原字，用通用标点符号断句。书中或有片面性，请读者明辨。

本书由省文史研究馆馆员、省社科院文献研究室特约研究员李东平先生整理。

云南省文史研究馆

云南省社会科学院文献研究室

一九九一年四月

一、光复起源篇

赵式铭　编纂　蔡锷　审订

四夷侵中国，无代无之，然数年或十数年即破灭，从无入主中夏者。自崖山之役，宋陆秀夫负卫王昺蹈海，元世祖践帝位，奄有华夏，是为黄帝子孙第一次失国。李自成陷京师，庄烈帝殉于煤山，清世祖入继国祚，是为黄帝子孙第二次失国。两代之亡，士大夫抗节不屈，死者相望，而尤以明亡殉国者，为至酷极惨。呜呼！种族之界，其天性然哉！

庄烈帝崩，唐王聿键、福王由崧，以次败降。明将李定国迎永历帝入滇，图光复。定国兵败，帝西走永昌，清师追之。定国令总兵靳统武以兵四千扈帝如腾越，而自伏精兵六千于永昌之磨盘山（山在潞江南二十里，亦名高黎贡山，西南第一穹领也）。清师中伏，歼其都统以下十余人，丧精卒数千。卒以众寡不敌，帝奔缅，定国死于景线。清以吴三桂平滇功，晋王爵，命镇云南。三桂兵临阿瓦，缅人献帝及后并从官家属，三桂挟之归，缢帝于金蝉寺，明祚遂斩。滇人哀之，名其地为逼死坡，有余疼焉。当满清入关，挟其武力以蹂躏中原，天下莫与抗。而云南犹奉永历为君，奄有云南、贵州、四川三省之地，与异族血战数年，歼强敌以数万计，势穷力蹙，隐忍称臣。滇人种性之辨，盖足以自豪矣！

国变后，滇中遗民以全节闻者，不可一二数：昆明杨永言倡义弗克，削发为僧；呈贡文祖尧弃官入中峰寺；蒙化陈佐才凿石棺，称明末孤臣；晋宁唐大来从无住禅师受戒律，结茅鸡足山；皆感时伤国，诸难显言，则一托之诗歌以寄其芳馨悱恻之意。而诸生薛大观举家以殉，事为尤烈。

永历帝之出奔也，大观与子之翰方挈家隐居北城之鱼楼，闻帝逊荒，泫然流涕，谓之翰曰："国君死社稷，臣死君，义也。今日之事，虽天命，不可以力争，顾独不可效死一战，乃崎岖域外，依小夷求须臾活，岂可得？吾书生，不能徒手搏敌，计惟有一死，汝其勉哉！"之翰泣对曰："父为国死，儿安敢不为父死？"大观妻杨氏、之翰妻孟氏，皆曰："君父子为国家死，吾姑妇独不能为君父子死耶？"旁有婢曰琐儿，抱大观幼子在怀，闻诸人语，曰："婢子死，亦可乎？"大观曰："婢为主死，亦义也。”于是相率下楼，投黑龙潭死之。明日，尸相牵浮水上，路人举而瘗之。滇人种族之感，至大观而极。

清既窃位，禁网稠密，遗民逸老以文字贾祸者，趾踵相接，海内重足屏息，噤不敢复言满清失德。浸淫至于中叶，人渐忘本，而颂声作矣。光绪间，外患纷乘，甲午、庚子诸役，国疆日削，赔款以亿万计。痛深创巨之余，清议渐起，驯至蓬勃不可抑，士大夫亦侃侃谈国事。清廷震恐，始派遣学生出洋，而欧西思潮，因之输入。大江南北号称革命党人者，所在蜂起，而杨振鸿由海外驰归，倡革命于云南。

先是同治十三年，越南与法国立《西贡条约》，认越南为自立国。光绪九年后，复立《哈尔曼条约》，认越南为保护国，内政外交，受法监督。已而兵进西贡，俘其君，幽之南非洲，越南遂亡，而滇之南防危。光绪十一年，英师袭缅甸，驻英公使曾纪泽与英外部议，立君存祀，守十年一贡之例，英人不许，缅甸遂亡，而滇之西防危。滇自缅越失后，英伺其西，法瞰其南，巧取豪夺，互相生心。未几而有滇缅划界蹙地千里之约，未几而有攫取滇越铁路建筑权之约，未几而有揽七府矿产之约，未几而有云南、两广不许割让他国之约。部臣不敢拒，边吏不敢争，而西南之祸烈矣。滇人士逼于外患，渡海求学者先后达千人。或习师范，或习政法，或习陆军，多以救国自任，而陆军生尤激烈，杨振鸿又陆军生中之尤激烈者。

振鸿，昆明人，光绪癸卯入日本振武学校。既毕业，滇督丁振铎电调归国，道出越南，亲见所谓亡国惨状，则大感喟。时法人已筑滇越铁路，滇人谋筑滇蜀铁路为抵制，扼于财力，事未举。振鸿为书上父老，举缅越事以为滇人镜，人传诵之。滇大吏疲茶，知不足与谋，乃结三迤志士，创设死绝会、公学会及体操专修科，一以革命致事。适滇缅间铁路，英人欲恃强修筑，振鸿愤极，遂结全省士子抗之，势甚张。英领率为所慑，乃寝。大吏滋不悦，出为腾永第一营管带。振鸿简军实，勤训练以待时，而益开扩党会。腾越镇李宝书、关道关以镛，因索盏达土司贿，为振鸿所持，未遂，心衔之，造飞语中伤。滇督锡良，满洲产也，尤仇视革命党，即密电镇、道捕振鸿。振鸿走永昌，知府谢宇俊捕之，复走新街，历南洋群岛再渡日本，入振武学校。

是时，有《云南杂志》者，滇人居东之所作也。其书痛陈清廷不纲及列强谋滇政策，由海外流入中国，读者快之。而在滇人士亦有《云南日报》《星期报》《云南公报》等之设，又为《苦越南传奇》，授伶人奏之，座中至有泣下者。革命思潮，遂浸润于三迤。

戊申夏，革命军起河口，振鸿谋归滇助革命军，乃至云南杂志社，结吕志伊、赵伸、黄毓英等，开大会于东京神田锦辉馆，到者数千人，所称云南独立大会者是也。振鸿被举为干事，偕同党数人南归。至香港，革命军败，关吏逻察严，不得入。徘徊久之，谋以黄毓英、杜韩甫、王尧民进干崖，说土司刀安仁；喻华伟、李遐章、何畏进腾越说防营管带，而自居仰光与居正办《光华日报》，以通消息。中更蹉跌，事卒无成。

振鸿离仰光，经纳戍、昔董出盏达，至干崖，越蛮允说管带杨发生，为所给，重跰至蒲缥，主何子仁家，适与何畏遇，因共筹起事之策。振鸿策袭永昌府为根据地，编练乡民成军，以出大理、腾越、顺宁、云州之地，包举迤南，进图省垣，再北出黔、湘，西略川、陕，戡定中原。策定，振鸿任先锋，何畏作内应于城中，宋某、唐某集乡民数百人，约夜间三句钟会于演武厅之后校场。会腾越、镇康两处防营调驻永昌城，乡民气先夺，又召集失期，及杨、何至，则已先溃散，相与仰天长叹。俄有报琦绮(缇骑)至者，乃踉跄返蒲缥。未几，振鸿病作，渐笃，遂于戊申年十二月十一日殁于蒲缥。

二、光复上篇

赵式铭　编纂　蔡锷　审订

清廷腐败，秕政杂出，滥借外债，供私人挥霍之用。宣统三年夏，外人瓜分中国之议起，而清廷方攘夺各省民修之铁路，于是全国物议沸腾，群起反抗。六七月间，蜀中争路潮起，军民激变，影响波及云南。初，滇护督沈秉堃调留日士官生回籍，李鸿祥、谢汝翼、张开儒、李根源等，分委步、炮军职及办理讲武堂，于是兵卒、学生皆言革命。而滇督李经羲暗弱，大义遂以遍于军、学各界。及武昌发难，湖南继之，本省军界由统领蔡锷与将校中之同志密议多次。九月初七，蔡锷、李鸿祥、沈汪度、殷承、韩凤楼、雷飚、张开儒、谢汝翼、黄毓英、刘存厚、黄永杜等十余人，议于唐继尧许，决心于九月初九日举义，为他省之声援。复定恢复云南全省作战及分途出师川、黔计划。

九日下午，锷令李参议官根源，率步队七十三标由北校场向省城北门及东门一带进攻。管带李鸿祥、教官刘祖武佐之。罗统带佩金率步队七十四标由巫家坝向南门及东门一带进攻，以唐继尧佐之。命炮队统带韩国饶率队一营，分三部，联络步队，进城后，到西、南、东三门城楼附近。命教官张开儒等率讲武堂全部生，发自城内，为开城之准备。命机关枪营分属于步、炮各队。均于夜半开始行动，同时攻城，于揭晓前将全城四周城垣及城内之圆通山占领确实，俟天明时进攻。以步队七十三标攻击军械局及五华山，以炮队据置城垣，协同步队施行射击。置预备队一营于江南会馆，为各队之策应。

十时，锷在巫家坝集步、炮两标重要将校，详细规定攻击计划后，十时三十分，更集两标全体将校，述明举义宗旨。词严义正，每出一语，各将校齐呼万岁，欢声雷动，誓出死力。宣布既毕，将校中有欲将军官之满人容山、惠森二人处以死刑者，锷、佩金力为禁阻，命暂行拘留，俟事毕后释放(翌日即纵之使去)。正值判决之际，有人从黑暗中射二人，幸未中。复集合两标士卒，将举义宗旨简单宣布，士卒莫不欢欣鼓舞，乐于用命。遂于当场给发子弹，检查武装，于午后十二时陆续出发。时城内火发，枪声四起，即命分道急进。以路重天暗，行进迟滞，炮队尤甚。

初，步队七十三标正值准备之时，事机泄漏。该标统带李鸿祥率标署卫兵出而弹压，顽固将校亦群起干涉，两方遂激起冲突，官兵中死伤廿余名，清标统丁锦遁去。根源遂率第二、三营向城垣急进，时初九日午后九时也。九时三十分，李部攻入北门，派队占领银元局、兵工厂等处，以其主力逼进军械局。其时清统制钟麟同以五华山空虚，率巡防队两营、辎重营、宪兵营、机关枪队及镇署卫兵占领之，顽强抵抗。军械局内卫兵（六十人）亦据险盛行射击，机关枪之发射尤烈，我军死伤将校以下三十人。肉搏数次，均未奏效，仅占领五华山北端之一部。根源以敌兵据险以守，兵力甚优，且弹药将竭，乃举火为号，冀巫家坝军队之来援（时已十一时半），而仍竭力攻击军械局。排长文鸿揆以长梯登，中弹而殪，我军益奋。

初十日午前一时半，机关枪队（仅两队，余为钟调去）至天台会合于本军，分隶之于步、炮两标。一时四十分，抵南校场时，驻扎南城外之巡防队二百人来降，锷优予嘉奖，命分扎南城外，弹压匪徒，保护居民。二时，抵大东门城外，遇马标队伍，锷与该标统带田书年相晤，令其逡巡城外四周，预防匪类，检查宵小。马标之来城，实系麟同调以防革命军者，锷误以马标预知其事，而田统带亦误以革命军系奉钟之调来相救援者，遂得相安于无事。

午前三时，步队七十四标第一营已占领城西垣，第二营已占领城南垣，第三营已占领江南会馆（预备队）。炮队则于东、南、西三城门附近占领阵地，准备攻击。

午前三时半，步队七十四标第一营管带唐继尧率所部向制台衙门突击二次，未得进。而第三营管带雷飚以一队增援七十三标，猛扑军械局数次，亦未得手。

午前六时，根源军至危殆。天微明，据城各炮队向五华山敌人阵地及督署开始射击。七时，李军及罗军第三营之一部，攻五华山及军械局，罗军第一、二两营攻督署。时据圆通山军火局之巡防队一哨，向预备队所在地射击，而七十三标反对派之官弁亦收拾残兵，在东城外向城垣一带射击，遂分预备中队一队御之。敌据山地，颇得形势，相持亘二时之久，始行击散。

午前九时,谢汝翼洞军械局围墙,更以药炸之。谢先入,我军从地道随之,军械局、五华山之全部,几为我所得,敌军全数降,遂令围武侯祠。李凤楼以机关枪来助,麟同尚抵死不退,因以负伤。经医兵抬出南门,为兵士所见,处以死刑。王振畿于被擒后自愿投诚,嗣复为众兵所杀。

军械局既为我军所得,各队弹药,得以补充,士气百倍,遂占领五华山全部,督署亦同时陷落。军司令部乃出示安民,一面饬各队整顿队伍,分投驻扎,并定警戒区域及警戒法。是夜,军队于五华山及城垣四周彻夜露营。综计是役,彼我死伤者将校以下百五十余人,我军死达二十余人,伤者四十余人。翌日,清藩司世增、清督李经羲、提法司杨福璋、提学司叶尔凯、巡警道郭灿、粮道曾广铨、劝业道袁玉锡、盐道毛玉麟皆就获,全城光复。十三日,军政府成立,而宣告独立。

(一)致电全省各文武官衙照常供职,维持地方治安。

(一)电饬大理、临安两步队速即反正。

(一)设军政府于五华山之师范学堂。

(一)派定军政府临时职员,分担职任。

(一)派西行支队赴楚雄,截取张镇台之军械。

(一)致电各省宣告本省反正情形。

(一)延见政界、绅界各员,宣告一切。

(一)组织军政府,派定各部、司长官。

(一)分编军队,派定各军将领。

(一)派罗总统为南征军总领,向蒙自前进。

(一)派谢支队赴呈贡等处游击北上之蒙自巡防队。

(一)派张开儒支队巡游武定州、禄劝各属。

(一)得临安步队第七十五标于十二日反正光复临安之报,饬令以主力向蒙自进攻,确实占领之。嗣标以一部留临安,以大部向蒙自,与龚道军相遇于途,一战破之,其督带、管带等阵亡,龚道心湛、孔镇繁琴闻风遁逃,其所部皆降。

(一)大理步标于十五日反正,营内小有骚动,旋即平靖。

(一)开化于十五夜巡防队叛变抢劫,经夏镇台文炳剿平,十六日即率军民反正。

(一)全省文武官衙及地方自治团体,皆纷纷具文电申贺,一律反正。

以上皆阴历九月十六以前之事。

(一)派援川军第一梯团赴川。

(一)改巡防队为国民军,更正装服礼节。

(一)改订陆军编制及饷章。

(一)规定省城防御计划。

(一)核定文官各衙门章程。

(一)编定援川军第二梯团。

(一)腾永革命军支部陈云龙、蒋树本怀抱野心,肆行骚扰,经军府电饬榆标剿办,于漾濞一战破之。陈退走,蒋于蒙化伏诛,腾永事粗定。

(一)派迤西及四川按使,宣示宗旨,抚绥军民。

(一)更换重要各地方行政官。

(一)颁布各项重要政令。

(一)派全权委员赴南京提议政纲。

(一)将驻城军队仍派回屯营,严行训练,规复秩序。

(一)改编军队,将新募之兵,陆续编配入伍教练。

(一)清理全省财政。

(一)恢复省城警察。

(一)赏恤在事出力各人员。

以上系九月十六以后迄九月杪之事。

滇省反正以来,全省颇属宁静,惟迤西各属有陈云龙等之滋扰,旋即平定。所惜者,蒙自因赵道复祥之办理不善,滥招匪人成军,致有十月十三日之变。嗣经滇军府派员前往查办,将肇事之人正法三十余人,其余兵丁,分别调省改编,惩其首要,解散胁从,消祸患于无形,现则各属已一律平靖矣。

滇省内政，经此次改革后，颇见进步，从前秕政，每多革除，经理财务，亦日有起色。百姓对于新布政令，俱极悦服，纳税输粮，较满清时甚为踊跃。故财政上不甚困难，金融机关，甚形活泼。

滇省军备，除巡防队、团练不计外，共有陆军两镇。现有一镇开赴入川及贵州，代平川、黔匪乱。现军政府决定实行征兵及短期兵役之法，预计战时可出兵五万以上，枪械新式者约足敷二镇之数，旧械历年所积，颇为可用者亦不少。现军府筹划，拟将兵工厂大加扩张，专制新式枪炮子弹云。

滇省此次反正，纯由陆军主动，故势力雄厚，不旬日而全滇底定。其主要人员，每有政治知识与经验，故一切善后布置，俱能井井有条，秩序上之整严，实为南北各省之冠。军府现正筹划振兴实业，并注意整理交通事业。

滇省政界重要人物，都督为蔡锷，军政部长为罗佩金、参谋部长为殷承，军务部长为沈汪度，第一师长为韩建铎，第二师长为李根源。反正时最出力者，尚有将校谢汝翼、李鸿祥、唐继尧、黄毓英、雷飚诸人。谢、李现均任旅长，唐已赴贵州任该省都督云。

三、建设篇（三种）

建设篇(一)

郭燮熙 编纂 蔡锷 审订

光复之初,旧制驰懈,不能不新设机关,为全省行政枢纽。云南于九月十日宣布独立,十一日建设新政府,军官、军士共推总司令蔡锷为军都督。府中机关,大别之为三:主军事者曰参谋部、曰军务部;主民事者曰军政部。粤自反正伊始,以讫军民分治,滇省规制,都凡三变,乃与中央划一,然其大体则无甚变更。盖因建设之初,纲要已具,故因时损益,而无少丛脞。且对中央政府,亦尝陈述意见,而动关天下大计,并摘要附入兹篇。

军都督府设于五华山,改两级师范学校为之。本府机关于参谋、军务、军政部外,置秘书处,拟撰机要文电。置登庸局,分设叙官、赏勋、印铸三科,均以周钟岳长之。置法制局,制定一切暂行法规,以蒋谷长之。置参议院,职献替可否,任李根源兼院长。参议官无定额,悉由都督选充,备军事、政治之咨询。寻改参议处。未几,登庸、法制两局皆裁并。复于三部外,设卫戍司令部,任罗佩金兼部长,以整饬军纪、保持公安为其职责。设甄录处,任刘锐恒为处长。反正后凡自陈效用及条陈意见书者,皆属之。而一时干进之徒蜂集,难得真才,亦裁并。省垣大定,卫戍部撤销,保卫事宜归巡警局担任。此外原有之造币厂、电报局、电话所,悉照旧赓续办理。

参谋部主军事上一切谋划,以殷承为总长,刘存厚、唐继尧次之。其下分设部凡七:一曰作战;二曰谍察;三曰编制;四曰兵站;五曰辎重弹药;六曰炮兵材料;七曰测地。以谢汝翼、张子贞、韩凤楼、李凤楼、顾品珍、刘法坤、李钟本任之。本部光复后作战之概要,谋戡定西南防,一面添练军队、联合各省、分派内地、现役军队进屯西藏、蒙古,异日滇省军事,大都循此轨辙进行。间有与所期不相应者,则因时事变迁,未能贯澈初志。而蒙、藏事遂至今纠纷,骤不可爬梳。滇、藏壤地毗连,当事之初,努固不能袖手也,语在《西征篇》。

军务部主军备上一切事务,初以韩建铎为总长,张毅次之。建铎赴援四川,改任沈汪度,次长张毅则自引去。部之下设分局五、分厂三:曰筹备局;曰粮饷局;曰军医局;曰叙勋局;曰军械局;曰被服厂;曰制革厂;曰兵工厂。各局、厂多仍旧制,但粮饷一局,在晚清日,局长差绝优,为总督调剂私人之所,弊窦丛生,莫可究诘。反正后,剔清积弊,军饷以裕。制革工业,日臻发达,肄业生徒极众,军中用具,差足自给矣。

军政部取《管子》内政寄军令意,实一省之政萃焉。以李根源为总长,李曰垓次之。其下设分司凡五:曰民政司,司长杨福璋,次长孙光庭;曰外交司,司长周沆,次长陈度;曰财政司,司长陈价,次长席聘臣;曰学政司,司长李华,次长陈文瀚;曰实业司,司长吴琨,次长华封祝。十月,西防未靖,根源率师以西,政任罗佩金为总长。民政司兼管巡警、审判、自治三局。财政司新设富滇银行,发行纸币,达票额百万以上,而大著信用。学政司未成立日,先由教育总会会长李华以总会名义,号召省恒各学校一律开课,维持现状,学界与有力焉。

右军政部为行政机关,而立法、司法两机关亦以次建设,所谓三权鼎立也。立法属议会,滇政府新成日,即致书咨议局,约相赞助。当局议员,群诣军府会商。随通电三迤自治团体,规约十余条,宣告光复宗旨。回电相贺,日数至。当清末,议局与政府每各挟敌意以相持,故往往龃龉。兹则力顾大局,一致进行。十一月十三日,正名为云南临时省议会,旧议员留二十余人,参议院参议官加入十余人,选李增为议长,万鸿恩为副议长。司法权属审检厅,滇省初以财政支绌,司法机关暂付阙如。嗣政府与议会商定,先于省恒设三级厅,由民政司筹备。

既而奉中央令,委任黄德润为司法筹备处处长,孙志曾为高等审判厅厅长,谢光宗为高等检察厅厅长,地方厅、初级厅同时成立。此第一期官制之建设也。

民国元年五月,武昌黎副总统倡议军民分治,此说遂腾于多数国民之口。军府采纳群言,斟酌时事,改军政部设政务厅,以李鸿祥为厅长。并改参谋部为参谋厅,以谢汝翼长之。改军务部为军务司,仍以沈汪度长之。制订简章,咨交临时省议会议复。议会乃别提议新官制,聚讼断断,日久未决,率照原案咨复之。而议会建议裁绿营提镇之案,政府即照行。时民国大政,统一于中央,自都督以至各司长,皆加给委任状。任李曰垓为民政司长,袁家普为财政司长,张翼枢为外交司长,周钟岳为教育司长,吴琨为实业司长。原设之次长改参事,今并撤销,此第二期官制之变革也。

民国二年二月,中央召集国会,各省正式议会成立。时军民分治,业有数省,未委民政长者,以都督兼之。于是军都督蔡锷电请中央特任省长,以专权责。奉大总统令,委任罗佩金为云南民政长。其下设四司,分科办事。以陈钧司内务,周传性司财政,由云龙司教育,华封祝司实业。一切文牍,以民政长名义行之。外交司裁撤,仅设特派员以司职务。滇省旧置四道,一驻曲靖,一驻思茅,一驻腾越,一驻蒙自。腾、蒙并称关道。反正以后,裁东道,存道三,西、南两防置巡按使,寻裁。分派三迤调查员。凡繁盛之区,边要之地,均设行政委员,或增设县治。民国二年三月,中央策缩小行政区域,府、厅、州一律改县。划定区域,置道以管辖之。任周钟岳为滇中观察使,吴良桐为临广观察使,李曰垓为滇南观察使,杨晋为滇西观察使。各设内务、财政、教育、实业四科,以治其事。先后成立审计分处、国税厅筹备处,并由中央委任陈价、熊范舆为处长。陈、熊辞,改聘席聘臣、袁家普。巡警局改为厅,隶于民政长。民事既分,军事机关改组,都督府参议处裁撤。建秘书、参谋、副官三处,军需、军务、军法三课,各有长。陆军规制语在《军事纪要篇》,此第三期官制之变革也。

国会既开,宪法上之机关,或犹有所变革,而在今日,则军民分治矣。民政长公署同设于五华山,形式虽分,精神则一。凡所因革损益,数难更仆,兹概括言之。滇三迤地方广袤甚,反正之初,厅、州、县虽传檄定,而或有官吏逃亡、土豪恣横者,争权攘利,纷纷未息。军府乃为定章程,明地方行政与自治之范围,定政费,划俸给与公费之数,及去陋规、惩赃私,皆著于法。然后考度支,厘定其出入。纵收支尚难适合,而中饱之弊除矣。随粮加股法者,自议修滇蜀铁路始。初特以种鸦片,派有余,民莫敢言。后鸦片禁种伤农,正供反匮,爰蠲免之。兵米纳谷官仓,吏胥往往事苛虐,亦一律改折,以苏贫民。都督蔡锷以为政须有统系秩序,乃可责效观成,用集各有司,悉心擘划,编制五年政事纲要,权其轻重缓急,按年筹备,为积极主义之进行。而锷所主张者,在设银行以利金融;借外债以兴实业;募国内公债而杜外债之要挟;办契税、烟酒税以救目前之急;清丈田亩以裕国课而均负担;修筑滇邕铁路及辟内地马路以利交通而巩国防;缩小军备以节饷糈;实行现场征收,变通引岸,以整顿盐务;裁防、绿各营以统一军制;经营边界,于土司地置流官,以图开拓而固边圉;注重军国民教育,以蓄国民武力;节减官吏薪公,以倡俭素而息官热;重订办公条例,以扫泄沓积习。凡此荦荦大端,或已次第施行,或着手规划,靳底于成。徒以厄于财政,未如所期。然云南故受协省,今协饷穷,岁减入款殊巨,而转顾中央财政,异常艰窘,先接济二十万元,以为各省倡。且对全国之事,亦时有建议。英谋硕画,时贤韪之。文电綦繁,择录如下:

南京临时政府成立,锷电孙大总统暨武昌黎副总统、各省都督,请集群策群力,一致进行。历陈三义:谓我国幅员既广,省界夙严,势涣情疏,每多隔阂。此次武昌倡议,各省响应,已除往昔秦越相视之弊风。惟改革之初,事权莫属,不能不各设军府,以为行政机关。然宜有通力合作之谋,不可存划疆而守之势。设用人行政,省自为谋,恐土豪浸起割据之思,边境又有孤立之虑。于国家统一,障碍实多。今中央政府成立,缔造经营,当先从破除省界入手。此宜注意者一。我国人士,蜷伏于专制政体之下者数千年,几以谈议国事为厉禁。自外力内侵,清廷窃蹙,国人激于时势,急图改良。于是革命、立宪、君主、民主,各党竞出。虽政见不同,而谋国之心则一。今政体确定,全国思想,皆将冶为一炉。即平日政见稍殊,果系杰出之才,皆可引为我用。现值肇造之初,万端待理,只宜惟贤是任,不必过存党见,使有弃才,益自树敌。此宜注意者二。清廷腐朽,弊政相沿,诚宜扫荡廓清,与民更始。惟外鉴世界之趋势,内察本国之舆情,必审慎周详,节节进步,庶全国得以按弦赴节,不致有纷扰滞碍之虞。若期望过高,变更太骤,恐事实与理想不相应,而人民未易奉行。或法令与习惯有相妨,而急切难生效力。故新旧递嬗之交,目光固宜高远,而手法则不妨平近,此宜注意者三。又致电,谓现虏氛未靖,战事方殷。琐屑者固不暇计,惟大纲所在,似宜先为规定,期于全国一致进行。窃观目前情形,当从数端入手:一、用人。各省军府分立,组织机关,互有不同。宜由中央参酌各省之现行制度,拟具大纲,颁布通行,以归一律。其上级长官,由中央委任;次级官,由本省呈请大总统委任;下级官,由本省委任后报明中央政府。至关于外交、财政官,应由中央遣派。似此办理,庶可统一事权。将来地方制度颁行,亦不致多窒碍。二、财政。我国各省,区域不同,丰瘠互异,往往省自为政,痛痒漠不相关。即以目前而论,有为边要者,有当敌冲者。若专恃一、二省之财力以为支持,虽反正者十数行省,而实则力分而不厚。谓宜将各省岁入,悉报中央,由中央视各省缓急情形,量为分配,庶可得酌剂盈虚之益,不至以一部分而妨害全局。三、军事。现中央已设陆军部、参谋部,而各省北伐军队,皆受节制于总司令官,是军事已有渐趋统一之势。惟反正之后,各省多添募新兵,略无限制。至有非临战区域,亦有以一省而骤增五六镇者。枪械既缺,饷糈尤为不支,恐将有不戢自焚之祸。谓宜由陆军部体察各省情形,酌定应编镇数,通令汰弱留强,勤加训练。已成之镇,悉听中央调遣。庶全国军队,联为一气,可以互相策应。又当南北议和时,争论建都地点,相持不决。锷致电南京孙中山、北京袁慰庭、武昌黎宋卿及各省都督,谓建都之议,章太炎、庄思缄两君所论,已阐发无遗。而鄙意所尤虑者,则建都南京后,此(北)边形势当为之一变迁。恐遗孽有乘虚窃据之虞,而强邻启蹈隙侵凌之渐,黄河以北,沦入毡裘,甚非民国之利。尚望早定大计,设都燕京,可以控御中外,统一南北。又续电,谓共和成立,南北一致,惟建都之议未定。内则人心摇惑,外则强邻窥伺,大局岌岌可危。伏望统筹全局,早定大计。至北京积弊,亦诚如议者所云,应请袁公于用人行政之际,破除畛域,以协群情。痛扫弊风,以新耳目,使秕政余毒,不致复生,民国基础,得以巩固。北京临时政府成立后,唐、陆两内阁相继辞职,锷致电谓:数月之内,总理屡更,国势迍邅,何堪再摘?继自今深望举国一心,共图巩固,实民国无疆之庥。又致电袁大总统论借债事,谓财政为全国命脉,民国初立,建造改革,非财莫办,尤非中央有稳实计划,财政决难就理。一年以来,全国注目于大借款,一若大债借成,百端政务,立可措施如意者。不知大借款之用途,须有一定计划,只能作整理特别计划之基金,未可移挪乱用。至普通行政,仍当尽内力支办。欲行此策,非中央能统筹全局、统一财政不可。所谓统一财政,不仅统一收入,并须统一支出。所谓统一支出,不仅以空言责令各机关,枝节缩减,须确定方针,注重何项政务,减轻何项政费,将一切改革计划,预先筹定,然后准此编全国预算,量入为出,以巩固内则基础。复另以借外债所经营之特别计划,为发达国力、巩固财政之策。故锷于现时改革计划,窃以为宜采支出节缩之义。军备缩小,以二十五师为限。裁腹省都督,裁绿防各营,而专注充裕军费,储养将校。海军只维持现状,不可扩张,外交宜严核浪费。各省除繁盛通商处所委设专员外,余均委地方行政官经理。司法只可具雏形,为将来扩张地步,现宜裁筹备处,只于省会设三级厅,各道设地方厅,各县以知事兼行初级职务,而扩大初级权限。教育宜划分全国高等以上学校区域,由部直办,不必省皆设校;绝对不设速成科,而多派留学生,严予甄选。实业注重奖励兴业,银行并入以大借款经营之特别计划办理。交通部浮费尤多,宜严厉核减。内务宜注重设警、修路二端,除最繁之都市埠外,不设岗警,经费皆就地筹取。外官制除酌留民政长外,名目可改归一律,内容暂仍其旧。其余不急之务,一概缓办。准以上计划,复将全国公务员薪俸减少,使之一律。由财政部制定全国预算,但使岁入各款,不大减于前清预算旧额,岁出当无不敷。预算既定,全国盈虚如何调剂,已有把握,则改革计划,即可雷厉风行,不患不能统一。就中惟减少师旅一事,实行较难,宜任命副总统或海内仰望重员,巡按各省,专任编制裁并,并认定某某处都督,作为重镇,为捭阖钳制之谋,俾易就范。一二年后,中央巩固,以大借款经营之特别计划,逐渐发达,对内对外,皆有财政信用。然后改用扩张政策,自无滞碍。在所建议,多已见诸实行,惟财政问题,今中央正改良办法,而在云南已用之有效,然则云南之建设,要可以概见矣。

建设篇(二)

周钟岳　编纂　蔡锷　审订

清室末造，政治日窳。光绪、宣统之间，怵于国事濒危，乃昌言变法，官制递改，新政繁兴。然徒以立宪之名，涂饰耳目，而亲贵拥权，官僚黩货，且日进未有已，益以促成革命之机。鄂军一起，全国响应，固咸以革新政治为帜志。然军兴之际，戎马倥偬，庶事纷糅，卒难理董。独云南举义，市尘不惊，光复之初，极意建设，一切措置，皆有系统可循。虽草创之后，不无因时损益，然大纲既立，终不出其范围。故循轨进行，已与中央规制，斠若画一，兹举其莹莹大者言之。其建议中央，关系国家大计者，亦择要叙录，缀于此篇。

辛亥九月九日，滇军起义，十一日全城光复，清吏总督以下悉散。于是各军官、兵士，公推革命军总司令蔡锷为军都督，以五华山两级师范学校为大中华国云南军都督府。府内置一院、三部：曰参议院，备军事、政治之咨询，以军政部总长李根源兼院长，参议官无定额，悉由都督选充。寻改名参议处。曰参谋部，主军事上一切规划，以殷承为总长，刘存厚、唐继尧次之。其下设分部七：一曰作战，二曰谍查，三曰编制，四曰兵站，五曰辎重弹药，六曰炮兵材料，七曰测地，以谢汝翼、张子贞、韩凤楼、李凤楼、顾品珍、刘法坤、李钟本分任之。曰军务部，主军备上一切事务，以韩国饶为总长，张毅次之。其下设分局四、分厂三：曰筹备局，局长徐芳兰；曰粮饷局，局长黄希尚；曰军医局，局长邹桢；曰军械局，局长沈汪度；曰被服厂，厂长秦光第；曰制革厂，厂长华封祝;曰兵工厂,以沈汪度兼理。未几,总长韩建铎率师援川,改任曲同丰,同丰复辞职赴京,乃任沈汪度为总长,以张含英任兵工厂事。曰军政部,取《管子》作内政而寄军令之意为名,实一省之行政萃焉。以李根源为总长,李曰垓次之。其下设分司凡五:曰民政司,司长杨福璋,次长孙光庭;曰外交司,司长周沆,次长陈度;曰财政司,司长陈价,次长席聘臣;曰学政司,司长李华,次长陈文翰;曰实业司,司长吴琨,次长华封祝。其隶于民政司者有巡警、审判、自治三局。隶于财政司者有造币厂、富滇银行。隶于实业司者有劝工场、印刷局。是年十月,李根源率师赴西防,罗佩金继任总长。都督府本部内置秘书处,拟撰机要文电;置登庸局,分设叙官、赏勋、印铸三科,均以周钟岳长之;置法制局,拟定一切暂行法规,以蒋谷长之,寻改任孙志曾。未几,登庸、法制两局皆裁并。援川、援黔军出发后,设卫戍司令部,任罗佩金兼卫戍司令,以统一军事、整饬军纪、保持公安为职责。此外设甄录处,任刘锐恒为处长,袁玉锡副之。凡自陈效用及条陈意见书者皆属焉。而一时干进之徒纷集,难得真才,旋亦裁并。出征军陆续凯旋,乃将卫戍部撤销,以其事分隶宪兵队及第一师司令部。

行政机关部署粗定,爰分设立法、司法两机关,以确定三权鼎立之基础。立法权属议会,当滇军政府新成立,即致书咨议局,约相赞助,局中议员群诣军府会商。随通电三迤自治团体,规约十余条,宣告光复宗旨,遂正名为临时省议会。旧议员留二十余人,参议处参议员加入十余人,选举李增为议长,万鸿恩为副议长。司法权属审、检厅。前清时,滇于省会先设立高等审判、高等检察、地方审判、地方检察、初级审判、初局检察六厅。反正后,各厅人员皆散去,乃权以审判局为司法机关,隶于民政司,仍令司筹设三级审、检各厅,以期司法与行政分离。既而呈奉中央任黄德润为司法筹备处处长,孙志曾为高等审判厅厅长,谢光宗为高等检察厅厅长,地方厅、初级厅亦同时成立。各县司法暂属地方行政官,并由筹备处培养司法人员,以为异日分设之地。此立法、司法、行政分离之权舆也。

民国元年五月,副总统黎元洪倡军民分治之说,军府采群言,改军政部为政务厅，以李鸿祥为厅长。改参谋部为参谋厅，以谢汝翼长之。改军务部为军务司，仍以沈汪度长之。是时民国大政，渐统一于中央，自都督以至各司长，皆加给委任状，任李曰垓为民政司长，袁家普为财政司长，张翼枢为外交司长，周钟岳为教育司长，吴琨为实业司长。原设之次长，改为参事。

民国二年，中央颁发暂行划一地方行政官厅组织令，以民政长为一级，各观察使为一级，各县知事为一级。民政长行政公署内设内务、财政、教育、实业四司，观察使署内设内务、财政、教育、实业四科，县和事署内亦如之。未设民政长各省，则以都督兼任。于是都督蔡锷电请中央特任省长，以专权责。奉大总统令，任罗佩金为云南民政长，裁政务厅，别设行政公署。以陈钧司内务，周传性司财政，由云龙司教育，华封祝司实业。一切文牍，以民政长名义行之。改外交司为特派交涉员，直隶于外交部。旧设迤东、迤西、迤南、临开广四道，反正后裁东道，以迤西、迤南、临开广三道原兼税关监督，暂仍其旧。至是，复遵中央令，以全省划为四区，添设滇中观察使一员，管近省属县及迤东各地。迤西、迤南、临开广各道，悉改称观察使。任周钟岳为滇中观察使、吴良桐为临开广观察使、李曰垓为滇南观察使、杨晋为滇西观察使。未几，曰垓改任西藏宣慰使，滇南观察使仍以刘钧署理。自民政长以下，专治民事，都督专治军事，军政、民政，划然区分矣。

当行政机关之初设也，都督蔡锷以为一切政务非通筹全局无以定缓急轻重之序，非严立程限断难免始勤终怠之虞。爰通令各机关就所管事务，审量财力之赢绌、事务之轻重，编制滇省五年政务大纲，汇交秘书处，详加审核，酌为增减，以期各机关政务平均发达，不致畸重畸轻。又令编制办事程限表，由主管长官督励所属，按期进行。凡行政事宜，有应依据规章者，当中央法令未颁布以前，由本省编订暂行章程数十种，以便遵守。复于军府设政务会议，每星期三日，自都督以及省内各机关重要人员及省议会议员、参议处参议，皆举代表莅会，筹议本省应兴应革事宜。议决之事，即由都督令各机关限期举办。期年之内，治具毕张。虽为财政及时势所限，间有未能骤行者，然前清官吏敷

衍因循之习,廓除殆尽矣。兹自反正伊始,迄军民分治以前,所举行政务之重要者,分述如左:

第一,关于内务者:滇省反正之初,地方行政官厅,暂沿府、厅、州、县名称。惟府、县同城者,则裁县而以府兼摄县事,是为后日统一县治之造端。又因滇省地面辽阔,一县区域,有面积至数百里者,乃添设县治。于大姚、永北间白井地方设盐丰县;于元谋、定远、禄丰间黑井及琅井、阿陋井诸地,设盐兴县;于蒙化、太和、永平间设漾濞县;于赵州、蒙化、云南县相错地设弥渡县;于剑川、维西、云龙间设兰坪县;于滇西、西藏毗连之地设阿墩县。其旧日附郭佐贰悉裁去,惟有分防地方者,则暂留之。复于广通属之舍资,镇南属之沙桥,邓川属之寅塘,腾越属之潞江,临安属之龙朋各地,添设巡检分治之。内政部署已定,更进而于沿边土司及汉夷杂处之地,设弹压、行政各委员。其在西及西南者,曰永宁、曰泸水、曰菖蒲、曰盏达,均各设行政委员。曰芒板、曰干崖,各设弹压委员。曰山后里,设弹压兼喇井督销委员。其在东边者,曰威信、曰井桧、曰盐井渡、曰六城坝;在南边者曰溪处、曰曲江、曰靖边、曰普文,均各设行政委员。是为建设县治之先导。当初反正时,旧时各地方官皆加给委状,沿用弗替。所以维持地方秩序,免人民之惊疑。然政体既更,官权骤落,自治团体往往侵越官权,官绅龃龉,多致互讦。乃厘定章程,划分权限,使互相辅助,互相监督。一以儆地方官之旷职,一以祛自治员之侵权。至地方官之征收钱粮,或新旧交替,则以自治团体为监征、监盘,使官吏无从施其弊。又因地方行政官尚兼司法,酌设司法警察,悉裁胥役。民间数百年蠹害,得以一旦扫除。其教育、实业,则令劝学所、实业团分任其责,而以行政官董其成。凡一切事宜,次第修举,地方行政,渐收划一整齐之效。惟各土司幅员辽阔,而殊俗异政,虽隶域中,俨同化外,内足为文化之梗,外足为边境之忧。军府以为同是国民,理难歧视,则思所以因势而利导之。时第二师长李根源方驻师腾冲,上经营土司急进、渐进二策,军府卒从其次议。谓急于改流,转多顾虑,不若为之更化善治,以收潜移默化之功。乃设弹压委员,先从事于审理诉讼,设立学校,振兴实业,筹办警察诸端，使土司地方，渐与内地人民受同等之法治。以故沿边土司皆四面内向，无复如前清时代嫉视汉官矣。

第二，关于财政者：滇系山国，素称贫瘠。当前清时，本省岁入不过三百余万两，而岁出年约需六百余万。故每年除由部库拨款及各省协济一百六十余万外，尚不敷一百余万。自辛亥反正，秩序如常，公私帑藏，幸未损失。然各省独立，协饷骤停，中央亦无力拨济。财政艰窘，转甚于前。而内戡匪乱，外固国防，加以援蜀、援黔、援藏，先后出师，供亿浩繁，所费百数十万。然自反正以来，军费、政费卒以维持者，则财政整理之效也。兹分述如下：一曰汰除浮冗。凡机关之复设，人员之闲散者，悉归裁并。如前清财政综于藩司，而钱粮则设粮道，反正后悉并于财政司。前清时农工商矿综于劝业道，而盐务别设盐道，反正后悉并于实业司之类是也。二曰节减俸给。反正后，都督即规定军官薪俸表，上等一级实支银一百二十两，二级亦一百二十两，三级一百两。中等一级八十两，二级六十两，三级五十两。次等一级三十五两，二级二十两，三级十六两。省内各机关文官俸级亦比照此表规定，各学校人员则视省内文官为等差。又规定省外文官俸给，令俸给公费各别为三等；省外各属警员俸给，令区长、巡长各别为四等。至壬子五月，中央大借债忽生顿挫，财政部通告中央财政支绌情形，并倡全国公务员每月俸金减为六十元之议，滇省得电，即通令实行，由都督躬为之倡。此时都督俸金之觳，举国未有如云南者也。三曰筹办公债。民国成立，国用奇绌，惟恃借外债为救济之方。而各国银行团乘我之急，要求监督财政，监察裁兵。都督以为借款即成，国权丧失，此时惟有筹办爱国公债，可以救亡。遂拟订章程，设局办理。计先后所入十余万，虽未能骤集巨款，而财力得以稍纾。四曰遣散军队。滇省岁出以军饷为一大宗，反正之初，迤西、迤南皆自添招募，又因援蜀、援黔，添练一师，兵额骤增，饷糈益浩。西南敉定，乃裁冗兵数十营。及援蜀军归，又复分别退伍，军饷因而锐减。五曰厘剔陋规。当前清时，各州县陋规尽入私橐，民间有无名之供亿，而官吏得例外之羡余。反正后，州县俸给、公费，已视地方繁简酌为规定，使不致有亏累之虞，毋俟挹他项为弥补。至地方收入之款,则悉令缴解,向日陋规,涓滴归公矣。六曰整顿厘税。旧制厘金、税务,为调剂官吏之优差。然厘金所入,公家恒得十之二三,而委员恒得十之七八。故厘金收入,每年约止二十万两。至宣统元年,实行禁烟,停止土药厘税,百货厘金收数亦锐减,仅收银十余万两也。反正后,乃由殷实绅商承办,视每年认解之数,先缴一半为保证金,俟年终解款足额,仍将保证金退还。故厘税收入,较昔年为加旺。七曰开设银行。滇省旧有大清银行,然只设于省垣,而经理亦多未善。金融之机关既未完全,银根之舒急亦难酌剂。反正后,乃令财政司筹设富滇银行,并设分行于下关、昭通、个旧各处。基金既已充足,纸币亦便流通,民间之信用既坚,故财政不致竭蹶矣。八曰检查会计。当中央令设审计分处之前,云南已先设会计检查厅。凡预算、决算,皆由财政司编制,而用款之当否,则必经会计检查厅之检查,于各机关之支销,严加审核,而冗费浮支之弊,悉以廓除。综上数端,盖开源与节流并用,故虽以夙称贫瘠之滇省,而财政基础,得以巩固矣。

第三,关于教育者:滇省举义之秋,战地以五华山师范学校为最烈。学生虽已停课,然仍安堵如常。至九月十一日,大局已定,教育总会出面维持,各学校仍一律上课。及军政府成立,特设学政司专司教育之事。乃先厘正学校名称,修改小学教科书,令各县筹设教育分会,归并方言学堂、高等学堂旧学生,设立英法文专修科,为留学欧美之预备。至民国元年五月,奉中央令改称教育司。初,省视学额定四员,然幅员既广,交通未便,故视察学校,穷年亦不能周。视学又多非深明教育之人,报告各属小学情形,亦多未中肯綮。反正后,改称司视学,尽派师范毕业生。至是,更定区域,添派视学,并为十员。滇省自丙午创设师范传习所,次年设两级师范学堂,然初级简易科期限既短,所得无多;而优级选科,专习一门,毕业后派充教员,能担任学级者盖鲜。又学堂设于省会,远道求学,既多未便;学生毕业后,竞求留省,各属教员,又苦缺乏。至是,乃于曲靖、昭通、蒙自、普洱、永昌、丽江,分设初级师范六区,皆以省费支办。并考选中学校及工业学校学生中之颖秀者,使加习东文,资遣日本留学。时都督方注重军国民教育,谓中国积弱已数千年,此时欲发奋自强,非于小学教育养成军国民之资格不可。而欲于小学施养成军国民之资格,非于初级师范生授以军事教育不可。乃令省会初级师范毕业生加习军事教育,以三月为期,毕业后仍分配各属充任教员,并通令全省小学,加授兵式体操。厥后中央教育部所颁教育法令,多与本省以前之所设施者,同符合辙也。

第四,关于实业者:滇省实业,以盐务、矿务为最,其次则气候温暖,颇利农桑,山岭绵亘,尤宜树、畜,惟工商业则未甚发达。滇军政府初成立,都督以本省财政困难,民生凋瘵,非急振兴实业,无以为自立之地。乃先从盐务、矿务入手,更进而经营农、桑、树、畜、工艺之事。兹分别言之如下:一曰整顿盐务。反正后,以盐务归并实业司办理,时值引额滞销,外私充斥之后,整顿殊难。乃详加体察,新订简章,分设督煎、督销机关,使之各专责成,更可互相纠察,变通引岸。无论何井盐觔,均听民自由购食,不再加以抑制。查收存盐,分别销解清楚,以清界限。暂减销额,以疏积盐。新开边井,以抵交、缅外私。并派临时调查委员,专司稽查各井煎销数目,及井员侵欺私卖一切事宜。积弊既已剔出,课额亦少蒂欠也。二曰推广矿业。滇省矿产之富,甲于全国,惟未经开采者甚多,至令货弃于地。自英法隆兴公司矿约废后,滇人益注意于此。惟前清矿章,限制綦严,民多观望。反正后,乃拟订《云南矿务暂行章程》,以开放为宗旨,如无窒碍者,均一律维护,以辟利源。又刊发表式,分别已开矿山、未开矿山及已开荒废矿山三种,通令各属地方官暨实业员悉心调查,分别填报。又于省城设立矿物化验所、地质调查研究所,而于个旧之锡厂、东川之铜厂,尤力为维护。两厂之发达,方骎骎未有已也。三曰注重农林。云南农务总会创设于前清宣统元年,卒以筹款维艰,迄未成立。反正后,酌提归化、华亭两寺年租,作为农会常年经费。又于省城设农林局,于各属设农林实业团,订立垦荒、牧畜、森林章程,并于种棉、制茶,力求推广、改良之法,均已渐收成效。四曰提倡工商。反正后,即拟订表式通令各属,调查全省工艺出品及全省商业状况。后因前清劝业道设立之劝工总局所制物品,半属无益玩具,而成本太巨,销售为难。乃改设全省模范工厂,分为金工、化学工、染织、编造、缝纫、陶瓷、图印各科,就滇中原产物料及固有工艺品分配制造。又整顿商品陈列所,以资观摩沟通。尽忠寺、城隍庙两庙,筹设劝工场,以为开拓市场之计。其他业经计划而尚未施行者,则概从略云。

第五,关于交通者:滇省交通要政,反正后所最注重者铁道为首,电报、邮政次之,汽船、马路又次之。兹分述如下:一曰滇邕铁路。滇省自前清时已设滇蜀腾越总公司,至宣统年间,乃倡先修滇邕之议,曾由滇督奏陈,经部派员踏勘。改革之际,事遂中止。反正后,都督复电陈中央,略谓滇桂一线,较之滇蜀,尤为切要。其路线以由曲靖经兴义、百色连南宁为宜。此线修通,厥有数利:一则路线较短,成功较易,需费较省;一则滇粤交通,互相策应,运输捷速,可固边防;一则与滇越路不平行,免滋外人口实,且离越较远,于兵事甚为安全;一则滇、黔、桂三省之地,可扩商业,可辟荒土;一则滇川、滇黔两线,将来便于延长;一则东川、个旧矿产,便于运输。且此路一通,则滇越线路之势力顿失,既可阻其申张之势,并可徐图赎还之机。惟锷前游两粤,近复来滇,足迹所经,详察形势,觉滇邕铁路尤以延长至龙门岛为要。查龙门岛去南宁不过四百余里,岛屿为泊船最良之海湾,而风浪不惊,较北海为善。海水深广,可泊兵轮,港口颇窄,间有暗礁,新到之船,亦观遽窥堂奥。若营为军港,以屯海军,将来铁路军港,首尾衔接,滇、桂不致坐困,庶可巩固国防。得交通部复电云:“已派钱世禄、陇高显前往调查。俟复到再定办法。惟国有一节,中央限于财政,目前尚难筹及。望协同粤、桂、黔三省都督筹措,中央再设法维持。”寻电商粤、桂、黔三省都督,均得赞成。惟路长费巨,就地筹款,力有不给,三省分担,亦尚无成议矣。二曰延长电线。自四川铁路事起,自云南至泸州电线,多被毁损。滇军反正后出师援川,悉为修复。又筹设五路电线:一由省城至昭通;一由昭通至叙府;一由东川经会理至宁远;一由思茅至顺宁;一由丽江经中甸至巴塘;凡五千二百余里。后以财力不济,一时未能实行,乃先设丽江至中甸电线四百余里,又续修至阿墩,与川省合力筹设阿墩至巴塘无线电报。旋又修永平电线延至六库。三曰添置邮政。

滇有邮政未通为威远、镇边、新平、南安、易门、罗次、禄劝、剑川、云龙、中甸等处,至是一律增设,全省消息渐灵通矣。四曰创设汽船。云南山多水少,航业不兴,惟滇池、盘江,间有船艇。然民船载货无多,且多危险。乃仿苏杭内河行驶汽船法,先于滇池制汽船一艘,开驶以来,商民便之。五曰筹修马路。云南素号岩疆,道途险阻,工商业不能发达,职此之由。而雨后泥泞,行旅尤多不便。反正后,乃倡修全省马路,颁发表式,令各属将所管地方应修道里,先行勘丈,并将应需修费核计报明,筹定的款,择要举办。

以上所述,皆就本省建设而言。至关于全国大局,都督蔡锷建议颇多,虽未尽见诸施行,而中央亦时加采纳。兹撮其重要者言之:

当南京临时政府初成立,锷致电孙大总统暨武昌黎副总统、各省都督,历陈三义:谓我国幅员既广,省界夙严,势涣情疏,每多隔阂。此次武昌倡议,各省响应,已除往昔秦越相视之弊风。惟改革之初,事权莫属,不能不各设军府,以为行政机关,然宜有通力合作之谋,不可存划疆而守之势。设用人行政,省自为谋,恐土豪浸起割据之思,边境又有孤立之虑,于国家统一,障碍实多。今中央政府成立,缔造经营,当先从破除省界入手,此宜注意者一。我国人士,蜷伏于专制政体之下者数千年,几以议谈国事为厉禁。自外力内侵,清廷穷蹙,国人激于时事,急图改良。于是革命、立宪、君主、民主,各党竞出,虽政见不同,而谋国之心则一。今政体确定,全国思想皆将冶为一炉。即平日政见稍殊,果系杰出之才,皆可引为我用。现值肇造之初,万端待理,只宜惟贤是任,不可过存党见,使有弃才,益自树敌。此宜注意者二。清廷朽腐,弊政相沿,诚宜扫荡廓清,与民更始。惟外鉴世界之趋势,内察本国之舆情,必审慎周详,节节进步,庶全国得以按弦赴节,不致有纷扰滞碍之虞。若期望过高,变更太骤,恐事实与理想不相应,而人民未易奉行。或法令与习惯有相妨,而急切难生效力。故新旧递嬗之交,目光固宜高远,而手法则不妨平近。此宜注意者三。

复致电谓:现虏氛未靖,战事方殷,琐屑者固不暇计,惟大纲所在,似宜先为规定,期于全国一致进行。窃观目前情形,当从数端入手:

一、用人。各省军府分立,组织机关,互有不同。宜由中央参酌各省之现行制度,拟具大纲,颁布通行,以归一律。其上级长官由中央委任,次级官由本省呈请大总统委任,下级官由本省委任后报中央政府。至关于外交、财政官,应由中央派遣。似此办理,庶可统一事权,将来地方制度颁行,亦不致多窒碍。二、财政。我国各省区域不同,丰瘠互异,往往省自为政,痛痒漠不相关。即以目前而论,有为边要者,有当敌冲者,若专恃一二省之财力,以为支持,虽反正者十数行省,而实则力分而不厚。谓宜各省入,悉报由中央视各省缓急情形,量为分配,庶可得酌剂盈虚之益,不至以一部分而妨害全局。三、军事。现中央已设陆军部、参谋部,而各省北伐军队,皆受节制于总司令官,是军事已有渐趋统一之势。惟反正之后,各省多添募新军,略无限制,非临战区域,亦有以一省而骤增五六镇者。枪械既缺,饷糈尤不支,恐将有不戢自焚之祸。谓宜由陆军部体察各省情形,酌定应编镇数,通令汰弱留强,勤加训练。已成之镇,悉听中央调遣。庶全国军队,联为一气,可以互相策应。

逮南北议和时,争论建都地点,相持不决。锷又通电南、北京及各省,谓建都之议,章太炎、庄思缄两君已阐发无遗。而鄙意所尤虑者,果建都南京,则北边形势,当为之一变迁,恐遗孽有乘虚窃据之虑,而强邻有蹈隙侵凌之渐,黄河以北,沦入毡裘,甚非民国之利。尚望早定大计,建都燕京,可以控驶中外,统一南北。续电谓共和成立,南北一致,惟建都之议未定。内则人心摇惑,外则强邻窥伺,大局岌岌可危。前陈建都燕京之议,未审达否?伏望统筹全局,早定大计。至北京积弊,亦诚如议者所云,应请袁公于用人行政之际,破除畛域,以协群情,痛扫弊风,以新耳目。使秕政余毒,不致复生,民国基础,得以巩固。

厥后临时政府移置北京,未及一年,唐、陆两总理相继辞职,锷致电谓:数月之内,总理屡更,国势迍邅,何堪再擿?继自今深望举国一心,共图巩固,实民国无疆之庥。

时军人多入政党,锷电呈大总统,谓民国成立,望治方殷。海内士夫,咸思组织党社,以为促进共和、改良政治之地。惟军人入党,则锷窃有隐忧。此次改革，数月告成，军人之功，炳耀环宇。惟审察现在国情，伏莽未清，国防未固，此后整军经武，责任尤巨。专心壹志，并力戎行，犹惧不给。若复为政界分心，军事难期整顿，其弊一。凡一国内，政党分立，政见各殊，各出其财力以相雄长，每因竞争而国家愈益进步。然以军人入党，则因党见之争持，或致以武力盾其后，恐内阁之推倒太易，实足妨碍政治之进行，其弊二。自军兴以来，各省多增募兵率，市井无赖，溷厕军籍，呼朋引类，歃血联盟。甚至军队复为山堂，将领称为哥弟，拔剑击柱，军纪荡然。虽政党性质不同，而士卒有所借口，方且谓统兵者亦身入党籍，更何以禁士卒之效尤？会党、军队，混为一途，部勒偶疏，动生变故，其弊三。虽此时祸机未著，而流弊要可逆睹。锷私忧过计，以为国家进步，政党自然发生。然宜让政客之经营，而军人无庸羼入。非独消极的以限制军人之行为，实欲积极的以完全军人之责任。伏恳明颁禁令，申明条例，以振纲维，而杜流弊。

继因党争甚烈，复致国务院、参议院电，谓临时政府成立数月，内阁瓦解，组织綦难。政府现杌陧之形，国本有动摇之象。非必当世贤达，置国家于不顾，实因政党为厉之阶。自改革以来，政党林立，诚心爱国者，察世界之趋势，欲以政党趣国家之进步，用意非不甚善。无如标橥既揭，浅者不了，辄复剽窃名义，竞相标榜，是丹非素，伐异党同，如旋风卷地，一入其中，迄颠倒而不能自拔。常士固然，贤者不免。无是非之公，则泾渭莫辨；有门户之见，则冰炭难容。祸机伏于萧墙，乱象悬于眉睫。驯至强邻伺隙，狡焉思启，犹复争持意见，等国事于弁髦。嗟我邦人，莫肯念乱！惟为为之？孰会致之？以锷之愚，窃谓治化演进，政党自然发生，然政党之成，必几经陶养，始达健全，而不能为一时之凑合。吾国一般人士，岂惟乏政党之能力，抑且少政党之观念。今以数月之号召，遂纷纷树政党之帜，以博名高。灞上棘门，皆儿戏耳。一哄而集，无裨国闻；万窍齐鸣，徒乱人意。其弊一。国体更新，人心浮动。如新潮出闸，横决四溢；如砂砾走盘，屡抟不聚。故欲齐一心志，维持统一，虽极力芟夷枝节，使群伦视听，同归一鹄，犹惧弗克。若复多立门户，竞长争雄，感情所驱，不可遏制。竞争之极，斯互相倾轧;倾轧之极,斯敢于破坏。恐法兰西恐怖时代之惨剧,再演于神州,其弊二。政党者基于宪法,促国家政治之进行,而非必由政党之势力,可以制定良宪法。法国革命后,以政党制定宪法,因政党迭相起伏,而政体之变更者九。北美建国后,以人民之公意制定宪法,虽政党时有消长,而政体仍定于一。今吾国宪法未定,党派已繁,正恐编纂不成,已起盈廷之聚讼;他日奉行不力,又作翻案之文章。机局转变,轻若奕棋;根本动摇,危于累卵,其弊三。锷初不察,亦尝与闻党事。今默观时局,熟审国情,窃谓此时以讨论为重,而不必强于主张;以培养为先,而无庸急于号召,较为得之。若广召党员,坚持党见,究之利也而不胜其弊,则有也而反不如无。今海内大党,无出同盟会、共和党、统一共和党右者。锷妄不自惴,愿与三党诸君子首倡解散之议,以齐民志,而定危局。

继复迭陈军事、财政、外交三者,亟宜先谋统一之方,语至激切,中央皆嘉纳之。时四国借款及军民分治二事,内外断断,争论不决。锷复电中央,谓民国初立,肇造万端,建设改良,非财莫办。一年以来,全国注目于大借贷,一若大债借成,庶政必举,不知外债非不可借,然只能作特别计划之基金。至普通政费,当尽内国财力支办。欲行此策,非中央通筹全局,统一财政不可。而统一财政,非仅以空言责令各机关枝节减削。宜确定大计,何项政务当注重,何项政务当减轻。一切计划,先为筹定,然后准此编全国预算,量入为出,以巩固内国财政基础,而以借款扩张生利事业,则财政有整理之日,外债有消偿之期。若军队未能缩小,政费未能减轻,则今日借贷,明日告匮,移台增筑,何有已时?埃及之亡,可为殷鉴。

又致国务院电云:修正官制原案,酌理准情,筹划精详,极深钦佩。惟锷愚意,此事关系国家经制,宜规久远。吾国省制,相沿日久,然幅员太广,治理为宜。故前代于州县之上,复置府道;府道之上,复置督抚。层累而上,期于递相督察,耳目易周。然阶级既多,互相钳制,地方官救过无暇,无余力以考求民间之利弊,而谋地方之治安,政窳民疲,实由于此。今欲扫除此弊,惟有缩小行政区域,减少监督官厅,庶无鞭长不及之虞,亦无十羊九牧之害。至军事区域,则当视国防缓急,另为划分,而不必以行省为界限。将来军事区域与行政区域分别划定,则军民分治问题,自不烦言而解。若此时惟于都督、省尹之间为迁就调停之计,意见既难一致,推行未必咸宜。故鄙意为目前计,可暂仍现状,以免纷议;而为久远计,宜别筹良法,以利推行。

及召集国会已定日期,锷通电中央及各省,谓民国成立业已经年,临时政府不过草创时权宜办法。迩来内政纷如散沙,外交危于累卵,非从速组成正式政府,则对于内难实行开国久远之政纲,对于外无以促国际团体之承认。顾正式政府之组织,必以宪法为根据。宪法一日未经确定,即正式政府一日不能成立。现国会召集,为期已近,应请大总统于国会开会时,首先咨明两院,以宪法为第一议案,尽一、二月内将民国宪法议决颁布,以便组织正式政府。否则纷争聚讼,不知临时期间将延至何日,国事危急,岂能久待?各都督、民政长对于民国宪法如有意见,祈早日提出,预为国会储备研议之资。复拟具电稿约程德全、冯国璋、张锡銮、陈昭常、周自齐、阎锡山、张凤翙、胡景伊、唐继尧、赵惟熙、张镇芳、孙道仁、张元奇等,联名致电北京研究宪法委员会,云宪法为立国根本,民国安危,视此为衡。诸公职司稗谌,责任綦重,自必有伟识卓见,奠定国基。惟编拟宪法所应采取之主义及近日颇有争论之问题,不可不准量国情,详慎究商,期臻至当。某等深忧熟议,窃有所见,陈备采择:查吾国情势,非建设强有力之政府,不能统一内政。不统一则国防、外文(交),必因之废弛失败,此为势所必至者。民国成立,迄于今日,省自为政,力(中)央力薄,不能收指臂之用。以致财政权损堕,政令纷歧,外患内讧,相缘以起。惟求其故,则现政府法律上之实力不能发展国权,实为一大原因。故民国宪法,宜以巩固国权为主义。国权巩固,国基能立,然后有发达民权之可言。欲巩固国权,则凡障碍国权发动之制度,决不可采。于是有应行先决之问题二事:一曰大总统不可不有解散议会权。就法理论,立法权固当尊重,行政权亦须有严格之保障。若立法对于行政部为过度之干涉而无救济之途,则行政权直被立法权侵压束缚而无所施。是国权只有消极限制之作用,不能有积极活动之能力,势必日即于萎靡。且议会若有违反国民利害之事,不能解散以诉诸多数之国民,亦与共和精神相背。就事实论,解散权与责任制,关系极切。议会无宪法上之制裁,易流专制,使政府不能自行其政策,必将以议会为诿卸责任地。责任不明确,何能得强有力之政府?更何能发展国权?故法理、事实两面,解散权均决不可无。但使解散有一定手续,自不患有侵犯立法权之弊。二曰任命国务员不必求国会之同意。夫国会监督政府,其要点在有弹劾权。事前之同意,实属赘疣。况弹劾权以连带责任为因,国务员既负连带责任,即不能不抱同一政策。设组织时不能得国会同意,得同意者又不同其政策,将迁就调停,旷日持久,始能勉强成立。然政策互异,何能连带负责?连带责任制一破,更何有强力之政府及巩固国权之可言?极其弊,必有贬节以媚国会,冀博国务员之位置者。恐满清末季之腐败现象,将由此同意制而复活矣。且国会现经同意,后国务员若有失职,照法理言之,国会当分任其责,此尤与弹劾制极为冲突。以上两端,所关至重。此外如大总统之制定官制权,对于国会议决法案之认可不认可权,及任期七年以上,并不负责任等事,皆缘所采主义及上述各理由相因而生,想诸公必能力持定见,排去莠言,不至为法理论及形式说所拘牵,致与国势国情相左,民国之福,维兹是赖云云。

锷前后建议,皆力持大体,切中时弊,不为依违迁就之词。兹书所采辑者,以民国元年十二月以前为断,余皆不及也。

建设篇(三)

赵式铭　编纂

破坏之后,不能不急图建设。滇省革命时,其预谋建设上之方便者,特色有九:一、光复初期,各省争言独立,滇特称反正,故秩序未至大坏,善后亦易为功;二、不排斥外省人,斯贤才聚而政事举;三、不滥招兵勇,则地方少受惊扰,事后易于收拾;四、省外地方官暂令仍旧,严定官治、自治权限,则愚民不自乱;五、暂定官阶,采三等九级制度,反乎满清之九品,复合于古制九命之正,以武职为标准,而文吏对待之,后虽小易,卒不出其范围,六、军队编制及各种办事机关之组织,多仿西法,间亦沿清之旧制,损益得中,故能与中央通令暗合;七、都督上特冠一军字,当时既资以示威,且可为后此军民分治之张本;八、各项薪俸公费之支出,力求节省,故虽地瘠民贫,需用得所挹注,而治具已立;九、省垣甫定,即设顾问、参议各官,以收老成硕彦,故阻力消而改革易。具此九善,是以一切建设,措之裕如,举兵方两日,而军政府成立,旬余各府、州、县传檄定,腾永、蒙自兵少乱,旋即敉平。阅时未久,遂能铲除专制,造成共和。综观革命后新设各机关及补助政治事项,与建设中央采行之政策,一一皆有统系,可以循辙而进者。盖滇之建设,非建设于破坏之日,实隐建设于未破坏之前。其建设制度之统一,非统一于全国统一之后,实早自统一于各省纷扰、中央政府未立之时。此中固有人在矣。今撮其略,则所以建设之宗旨维一,而其进行之方法有二:一主急进,用创以新人民之耳目;一主缓进,用因以保地方之治安。而创之制多施之省内,因之制多施诸省外。因、创适其宜,是故大纲一立,众目悉举,政令不纷,而民不疑贰。方之南北诸省,滇独较有秩序焉。

省会为各地方之中枢,非创制一新,不足扫除秕政。滇自九月九日起义,十一日全城光复,清吏总督以下悉废。旧制既弛,不能不新设机关为全省行政之枢纽。于是各军官、兵士公推革命军总司令蔡锷为军都督,以五华山两级师范学校为大中华国云南军都督府。组织章程约法草案,与民更始。其厘定军都督府大纲,约一院三部:院曰参议院,直隶军都督,为参议军事、政治之机关,以军政部总长李根源兼院长,参议官无定额,悉由都督选充。旋改名参议处。三部:一曰参谋部,以殷承为总长,刘存厚、唐继尧次之。其下设分部凡七:曰作战、曰谍察、曰编制、曰兵站、曰辎重弹药、曰炮兵材料、曰测地。以谢汝翼、张子贞、韩凤楼、李凤楼、顾品珍、刘法坤、李钟本分任之。一曰军务部,以韩国饶为总长,张毅次之。其下设分局四、分厂三:曰筹备局,徐芳兰任局长;曰粮饷局,黄希尚任局长;曰军医局,邹桢任局长;曰军械局,沈汪度任局长;曰被服厂,厂长秦光第;曰制革厂,厂长华封祝;曰兵工厂,以沈汪度兼理。各局厂不尽新设,特严订专章,清其积弊,使直接受制于本部。一曰军政部,本属民事而军称之,取《管子》作内政寄军令之意,实一省之政萃焉。以李根源为总长,李曰垓次之。其下设分司凡五:曰民政司,司长杨福璋,次长孙光庭;曰外交司,司长周沆,次长陈度;曰财政司,司长陈价,次长席聘臣;曰学政司,司长李华,次长陈文翰;曰实业司,司长吴琨,次长华封祝。十月,李根源西巡,改命罗佩金为总长。又附设巡警、审判二局,以民政司统辖之。

府中诸重要机关既立,下令宣告各属,其文曰:"大中华国云南军都督府为布告事:此次各省义军,风发云涌,恢复旧土,保卫民生,其宗旨在划除专制政体,建造善良国家,使汉、回、满、蒙、夷、苗各族,结合一体,维持共和,以期巩固民权,恢张国力。本都督素表同情,爰倡义举。乃者,定由各省选派全权代表,会集武昌,将来商定建设办法,自必抱定前项宗旨,一致进行。现在滇事初定,政务亟待整理,不得不由本都督府因势利导，力保完善之区。特恐全省同胞未能周悉，爰声明宗旨，明白宣布，其各咸喻斯意，毋生误会，本都督有厚望焉。并将纲要列举如次：一、定国名曰中华国。二、定国体为民主共和国体。三、定本军都督府印曰‘大中华国云南军都督府之印’。四、都督府内设参议院、参谋部、军务部、军政部，各部分设部、司、局、厂，各院部同署办公，各地方文武各官依事务分配，直接各部禀承办理。五、定国旗为赤，心用白色‘中’字。六、建设主义在联合中国各民族构造统一之国家，改良政治，发达民权，汉、回、满、蒙、藏各族，视同一体。七、建设次第由军政时代进于约法时代，递进而为民主主宪时代。以上七条，系本军都督现定大纲，将来全国统一政府成立，须照统一政府之命办理。”

此令既出，省外各地方咸知新政府建设之基本已固，已反正者释其疑虑，未反正者相率而来归。而省中复增设各种辅助政治机关：于军都督府置秘书处，撰拟机要文电；置登庸局，分设叙官、赏勋、印铸三科，均以周钟岳长之；置法制局，制一切暂行法规，以蒋谷长之，寻改委孙志曾。外复设卫戍司令部，任罗佩金兼部长，以整饬军纪，保持治安为其职责。又设地方审判、检察两厅。设甄录处，任刘锐恒为处长，反正后自陈效用及条呈意见书者，皆由之甄录。而一时干进者蜂集，真才难得，寻罢之，改归民政司经理。卫戍司令部于省事大定后亦即裁撤，凡保卫事宜，归宪兵队、巡警局担任。此外原有之造币厂、电报局、邮政局等，则稽核而整顿之，仍令赓续办理。政府又致书旧咨议局，约诸议员出而赞助，略云：“破坏之事，属于吾辈；建设之事，责在诸君。”张惟聪等通电三迤自治团体，规约十余条，宣告光复宗旨，俾众晓然，以共保安宁秩序，遂定名为临时省议会。旧议员留二十余人，参议处参议官加入十余人，选举李增为正议长，万鸿恩为副议长，于是立法机关具焉。未几，司法机关亦继之独立，高等及地方审、检两厅一并设置。虽在军政时代，而约法之雏形已具矣。

省中各基本机关既大备，由是一时重要事项之足以倡兴庶政著为标准者，政府乃以次组成之。其首务为改编军队，会垣战事初定，即将新募之兵,陆续编配,入伍教练。易镇之名为师,协为旅,标为联,营为大队,队为中队,排为小队。凡步、炮、骑、辎重弹药、机关枪、卫生、军乐,各联队兵数之配置,悉如旧制。军官自师以下,概称曰长,军佐名称仍旧,惟裁教练官,添设副官。全省共练陆军两师,称第一师、第二师。以韩建铎为第一师长,李根源为第二师长。权官官阶、制服,以肃军容。上级曰正都督,曰副都督,曰协都督。中级曰正都尉,曰副都尉,曰协都尉。下级曰正校尉,曰副校尉,曰协校尉。师长授以副都督,以下递降之有差。文吏则如旧日对品,各眠其相当之职,但加一"同"字别之,使咸就军政时之礼制。随即改订陆军饷章,又规定省城防御计划,以姜梅龄办陆军志愿教练大队,章炜章办国民军模范大队。设省防国民军,以张贵祚为管带。设商团局,以郑开文为监督,胡瑗为提调。均使备兵事之补充,且以表率省外各地。而民事之最著者,则先设立自治局,以整理地方应办事宜,确定自治范围,使附属于民政司,与官制相辅。规复省垣各学校,设教育总会,为学政司补助机关。编订学校系统图及学科学年一览表,以树改良教育,造就军国民之先声。举行高等文官、普通文官试验,以为更换各府、厅、州、县行政官及佐治人员之预备。特设政治机关报于法制局,名曰《云南政治公报》,使全滇人士,咸知政令之颁布,有所遵守。创办富滇银行,专管存放、抵押、汇兑事业,并发行纸币,与银元一律通行,以裕银融,而资挹注。定民间应纳钱粮税捐,用官收绅监之制,以除积弊。饬军、官各界制新式服装,用本省绸缎布匹,以维市面。改劝工局为模范工厂,添资延聘技师,推广制造品,以振兴工艺。继复修筑马路,广辟商场,增设电灯、电话等文明用具,致力于形式之设置。于是政、学、绅、商、农、工各界,观听一新,令出维行,百废由之渐举。而一时私人团体,有裨于政治、风俗之会社,由政府批准设立,或酌拨公款倡兴之者,亦复不少。至是,省中建设事项之表著,已大足为各地方倡,一方面乃经营省外各府厅州县之建设。

省外各地方制度,务因习惯,逐渐改良之,乃可以保持镇静。故反正之初,各属文武吏暂令仍旧,惟新设巡按使出巡诸路,宣布宗旨,抚绥军民。以赵藩巡按迤西,唐尔锟巡按临开广,刘钧巡按普元镇。武营则仍留提督,驻大理,以李福兴任之,后改命张文光。并存六镇、两协、三参将,以资镇摄。命苏抡元为昭通镇,丁彦为鹤丽镇、马文仲为普洱镇、朱朝瑛为临元镇、张世勋署开化镇、李德泳为腾越镇、钟春芳为顺云协、李学诗为维西协、张星焯为大理提标营参将、陇维邦为镇雄营参将、马廷芳为镇边营参将,均予以阶级,使管束绿防兵勇。外设西防统领一、南防分统三、统领以李德泳任之,寻改命孙绍骞;分统一为陆国桢、驻河口;一为张宗靖、驻麻栗坝;一为王保国、驻广南。旋改编防军为国民军,全省共三十余营。其服制饷章,均与省城国民军一律。文官于巡按使外,仍设三道如旧制,以赵藩兼西道,刘钧兼南道,何国钧任临开广道。各府厅州县官悉令改公祖、父台名目,但于本官名下加"长"字为通称。吏之良者留之,劣者易之。所治区域如旧,惟裁撤各府附廓县令,以云南府兼摄昆明县事,大理府兼摄太和县事,临安府兼摄建水县事,澄江府兼摄河阳县事,楚雄府兼摄楚雄县事,永昌府兼摄保山县事,丽江府兼摄丽江县事,曲靖府兼摄南宁县事,顺宁府兼摄顺宁县事,开化府兼摄文山县事,普洱府兼摄宁洱县事,昭通府兼摄恩安县事,东川府兼摄会泽县事,广南府兼摄宝宁县事,是为后日统一县治之造端。又因滇省地面辽阔,不能不缩小行政范围,乃添设县治六:于大姚、永北间白井地方设盐丰县;于元谋、定远、禄丰间黑井及琅井、阿陋井诸地设盐兴县;于蒙化、太和、永平间设漾濞县;于赵州、蒙化、云南县相错地设弥渡县;于剑川、维西、云龙间设兰坪县;于滇西、西藏毗连之地设阿墩县。继复于广通属之舍资、镇南属之沙桥、邓川属之寅塘、腾越属之潞江,临安属之龙朋各地,添设巡检分治之,并改腾越厅为腾冲府。内地既规划定,更进而经营沿边土司及汉、夷杂处之地,设弹压、行政各委员。其在西及西南者,曰永宁、曰泸水、曰菖蒲、曰盏达,均各设行政委员。曰芒板、曰干崖,各设弹压委员。曰山后里,设弹压兼喇井督销委员。其在东边者,曰威信、曰井桧、曰盐井渡、曰六城坝;在南边者,曰溪处、曰曲江、曰靖边、曰普文,均各设行政委员。思普沿边各地,特设行政总局长,是为建设县治之先导。以县治为立宪国地方制度根本,非使有固定机关,不足以言行政也。

省外各地行政基本机关既陆续设置,于是有固定之政治区域,遂有建设事项之实施。乃由军政部核议分区调查各属民政、财政、司法及应兴应革事宜。新设调查委员凡十一员,令分区前往调查:以永北、华坪、鹤庆、丽江、中甸、维西、剑川、腾越为第一区,大理、赵州、邓川、云南县、宾川、洱源、云龙、蒙化为第二区,广通、定远、姚安、大姚、镇南、黑、白各井、永平、保山为第三区,楚雄、南安、景东、顺宁、缅宁、云州、永康、龙陵为第四区,昆明、嵩明、富民、禄劝、武定、元谋、罗次、禄丰、安宁为第五区,呈贡、宜良、路南、广西、弥勒、五曹、邱北、宝宁、富州为第六区,晋宁、河阳、宁州、江川、阿迷、蒙自、个旧、猛丁、文山为第七区,昆阳、新兴、易门、新平、元江、峨峨、河西、通海、石屏、建水为第八区,寻甸、马龙、南宁、沾益、宣威、平彝、罗平、师宗、陆凉为第九区,会泽、巧家、恩安、鲁甸、永善、靖江、大关、镇雄、彝良为第十区,他郎、镇沅、威远、镇边、思茅、宁洱、普腾、石膏各井为第十一区,各派员按区前赴调查。又以滇省新政之障碍,洋烟为巨,特设禁烟巡视员,亦令分区确查,以实状列表报告。合内地及土司地分其区域为二十八区,区各派专员以往。而视学员随亦分道遣出,且予以直接更换地方学务员之权,令从速恢复各学校秩序,缩小其视察区域。分全省为十区,每区不逾十属,务使察之周详。诸委员既先后以地方情形报告政府,政府乃进谋全省建设统一,思所以示轨辙于省外者,仍自调查省内各机关始。都督蔡锷,先饬各部、司、局,举现行官制规则章程之详略不一致者具以报,拟定关于官制应调查之件,约分十一目:一曰名称及驻扎所在;二曰所掌事项;三曰本机关之组织;四曰所设员役暨其名称;五曰各员俸给之数;六曰各员之职务;七曰职员系统;八曰职员阶级;九曰所承本管官厅暨所承各主管官厅;十曰所管各分机关;十一曰关于官制各事宜。胥逐目详列之,以资整理章程之考镜。又编订中央会议大纲凡二十三条:一、国民;二、国体及政体;三、国权之集中及宪政之次序;四、扩张国防区域;五、缩小行政区域;六、国旗;七、纪元;八、中央政府所在地;九、立法、行政、司法机关之组织;十、全国财政之统一;十

一、全国军政之统一;十二、全国外交之统一;十三、全国教育之统一及教育宗旨;十四、全国交通之统一;十五、实业;十六、民政;十七、各种暂行法律;十八、官制;十九、各种文书之程式;二十、服制;二十一、礼制;二十二、大统领之任期及权限;二十三、临时大总统选举法。发布之在滇各界团体及素有研究之士,令各抒所见,筹备办法汇呈,以交付赴鄂代表。一方面即借之征求舆论,改良本省之设置。复令各项行政主管官员,就滇省民情、财力、权事之缓急轻重,按期筹备,编制五年政事纲要,交临时省议会议决而公布之,以为进行之准则。至是,滇中自都督以下,各项行政官及公务员之已有改革经验者,莫不悉心擘划,集思广益,举应亟改良之要道,条陈于政府,期由临时建设而使进于稳固划一之建设,则所以统筹全省者,又进一步矣。

由是更推而谋及全局,以为巩固一省建设之地。一方面建议中央,以谋全国者谋自省,一方面创举要务,以实施印证其计划。当南京临时政府初立,锷即致电孙大总统暨黎副总统、各省都督,请集群策群力,一致进行,历陈三义:一谓中央政府新成,缔造经营,当从破除省界入手;二谓肇造之初,万端待理,只宜惟贤是任,不宜过存党见;三谓法令务因乎习惯,新旧递嬗之交,目光固宜高远,而手法不妨平近。又电陈用人、财政、军事三大纲:谓用人宜统一事权,今各省军府分立,组织机关,互有不同,宜由中央参酌各省现行制度,拟具大纲,颁布通行,以归一律。斯于将来地方制度,始不致多窒碍。财政宜将各省岁入,悉报中央,由中央视各省缓急情形,量为分配,庶可得酌盈剂虚之益,不致以一部分而妨害全局。军事宜由陆军部体察各省情形,酌定应编师数,通令汰弱留强,勤加训练,已成之师,悉听中央调遣。庶全国军队,联为一气,可以互相策应。是皆所以谋全局建设之统一者。又当南北议和时,致电孙、袁、黎及各省都督,谓宜建都燕京,可以控制中外,统一南北。又云中国有必为共和之时机,项城自有被举总统之资望。及南北统一,又续电两京、各省,早定建都大计,请袁公于用人行政,破除畛域,痛扫弊风。北京临时政府既成立,又电袁大总统政体确定共和,请中央订定选举章程,早日颁布。并历陈现时改革计划,缩小军备,裁绿防各营,专注充裕军实,储养将校。暂不扩张海军,严核外交浪费,省司法筹备费,改外官制,使归一律。核减公务员薪俸,注重教育、实业、内务之整顿。总之,宜取支出节缩主义,持此以为建设之大本,使事实与理想常相应,而民易奉行。适于本省者,亦适于全国,中央政府多采行之。滇省一部分之建设,遂确有标准,由之按弦赴节以进焉。

是时各省暂行制度,尚分歧不一,滇自会垣以及各地,则既政令大同,满制早已脱弃,阳历早已通行,一切公文程式、衙署分科办事章程、暂行刑律、征收钱粮税捐及讼费规则,悉依新制,地方自治规模粗具,各属巡警区域,规划已定,而自治、学校、教育分会并商务分会、农务分会等之设置,多与中央通令,不谋而合。其余凡属于全国统一之制,令下无不切实奉行之。政府复注重于滇省特别最急之计划,于兴利、交通、边防各要务,提前经营之最力。先于迤东设矿务股份有限公司以兴实业,于迤南整顿锡务,于迤西改良盐政,新设督煎督销总办,并开滇盐济黔之例,以浚利源。复推广富滇银行,于蒙自、昭通等处,设立分银行,使金融不陷于恐慌。继乃谋交通机关之增置,筹设五路电线:一由滇至昭通;一由昭通至叙府;一由东川经会理至宁远;一由思茅至顺宁;一由丽江经中甸至巴塘,凡五千二百余里。后以财政不济,一时未全实行,乃先设丽江至中甸电线四百余里,又续修至阿墩,与川省合力筹设阿墩至巴塘无线电报。旋又修永平电线,延至六库。而邮政未通之地威远、镇边、新平、南安、易门、罗次、禄劝、剑川、云龙、中甸等处,亦一律增设之,务使全省交通敏活。轮船公司亦随之创立,新造小轮船行驶于昆海,以便往来。已复经营边防,修治河口沿边一带界碑,令外交司会同中法委员往勘,分段立石刻字,以严国界。改良麻栗坝、河口两处所属十对汛,每汛设汛官、汛长各一员,汛兵五十名,均使改用陆军制服,以崇国体。凡诸要务,虽未奉中央命令,政府莫不汲汲图之。而其余关于培植地方,促进文明者:于水利之开通,则有改良昆明各河,开凿海口,修浚曲靖南河之事。于风俗之改良,则有设公娼、禁私娼、辟公园、修公沐池、定宴会不逾八簋,兴社会教育之务。于文献之表章,则有建永历帝庙、傅木蓝三公祠、明代殉国遗佚诸先正祠、乡贤祠、创立革命烈士杨忠毅祠、革命死事诸忠烈祠,筹铸革命伟人黄毓英铜像之举。又时时以全力整饬,务使云南政象,与日俱新,渐于文明灿烂之域,而又不越乎共和大范围之外。至是功虽未竟,然一切建设大要,属于滇省特别应兴之件,已称具备。其在各省普通计划内应就统一者,则悉如中央令,逐一更改之,而亦不过名义之同否,机关之或分或合,虽屡易之无难矣。

民国元年五月,武昌黎副总统倡议军民分治,滇省一切制度,适在军政与约法两时代过渡之间。政府斟酌时势,取消三部名目,改军政部为政务厅,以陆军第一师长李鸿祥兼任厅长。改参谋部为参谋厅,以谢汝翼长之。改军务部为军务司,以沈汪度为司长。至是军政府中重要机关,凡两厅、六司。各司原设之次长,改为参事。军务司隶参谋厅,民政、财政、实业、教育各司均直接隶政务厅。政务厅设五曹参事,分任职务。都督府组织政务会议,自都督至各司、局长及参议处参议官均与会,有大事,悉由政务会议公决。省外巡按使亦裁撤。改陆军编制名目,师旅以下为团、为营、为连,使与通令符合。各地方军事,统属于参谋厅,民事统属于政务厅。各道暨府、厅、州、县如初制。是时建设事项之特著者,为兴学、选举、征兵三大端。学校新设师范七校:第一师范学校设省垣,后改为省会师范学校;第二校设昭通;第三校设曲靖;第四校设蒙自;第五校设普洱;第六校设永昌;第七校设丽江。而省中法政、农业、工业中学各校,亦推广学生班数,各府、厅、州、县亦增设初等农业、工业各项学校。选举初选区如旧,复选区规定全省为八区:第一区为昆明,第二区为大理,第三区为昭通,第四区为曲靖,第五区为临安,第六区为普洱,第七区为永昌,第八区为丽江,各区选举额如中央令。又规定土司地选举代表,分其区域为七区,区各选代表一人:一、丽江府所属各土司地,以丽江府长为选举监督;二、云龙、保山所属各土司地,以永昌府长为选举监督;三、腾冲、龙陵所属各土司地,以腾冲府长为选举监督;四、永昌、永康、顺宁、缅宁所属各土司地,以永康州长为选举监督;五、镇边所属各土司地,以镇边厅长为选举监督;六、思茅、宁洱所属各土司地,以思茅厅长为选举监督;七、临安、建水、石屏、蒙自所属各土司地,以临安府长为选举监督。而旅缅滇人,亦令选出代表一人,是为滇省特别之规定。乡兵征调法,改革之初,即已行之。至是始实行调练,全省每期共练乡兵□□□□四十名,系责成陆军军官办理。每陆军一连,调练乡兵一班,每大排定为六十人,军年调练二次,以三个月为满期。退伍后即为续备兵。乡兵总司令部不另设机关,其筹备一切事宜,由陆军第一师、第二师司令部担任。此外于大理、腾冲驻扎之陆军团部及昭通镇署、丽江营部,各设乡兵支部,直隶于第一师司令部。于临安团部,普洱、开化统部,各设一乡兵支部,直隶于第二师司令部。分全省办理乡兵区域为七区:以云南、澄江、曲靖、武定、楚雄、东川等府为一区,所属各州县各设乡兵事务所,隶第一师司令部;镇雄、昭通等处为一区,所属各州县各设乡兵事务所,隶昭通支部;大理、楚雄、蒙化为一区,所设乡兵事务所隶大理支部;丽江、永北为一区,所设乡兵事务所隶丽江支部;腾冲、永昌、顺宁为一区,所设乡兵事务所隶腾冲支部;临安、元江为一区,所设乡兵事务所隶临安支部;广南、广西为一区,所设乡兵事务所隶广南支部;普洱、景东、镇沅、镇边为一区,所设乡兵事务所隶普洱支部。各事务所即附设于地方自治公所或衙署,亦不另设机关。其支部职员以陆军各团营及统部职员兼充之。教练乡兵官长、军士,即以陆军各连原有官长、军士兼任。事务所所长以各州县知事兼充,副所长以自治局绅董兼充。于是全滇人民皆知有当兵之义务,而建设基本固焉。

未几,正式省议会成立,中央召集国会,遂实行军民分治。大总统任命罗佩金为云南民政长,军都督取消政务、参谋两厅,裁撤参议处,设秘书、参谋、副官三处,政务、军需、军法三课,分任军事……

(附记:以下因原稿本蠹蚀残缺,故缺。)

四、迤西篇

张肇兴　编纂　蔡锷　审订

第一章　大理之反正及机关部对各属之维持

第一节　曲统领之主持反正

九月九日，滇垣反正，十一日，电至大理。太和县令胡懋芬说知府周安元匿母(毋)布，而制造清督李经羲调榆军援省伪电，以绐司令部。协统曲同丰素抱革命主义者，得电，谓省军必已起义，乃告安元集官绅府署中会议。十二日午后，议、参两会绅士范宗莹、杨上培等齐诣府署，提督李福兴、参将李桂芬、巡防管带赵勋泰、军需委员吴绍麟、中学堂监督由云龙，均先后至。安元出军政府其电传观之，众默然。有顷，乃同往延曲取决。曲入，以模棱语探众意。周宗麟、赵绍周、李文源首先发言赞成。曲遂拟复省电，签订拍发，而邀众出，集每士门右，宣布省垣反正电文，众憔然。即分兵派守四城及中央。是夜，人民熙攘街衢，有出壶浆饮兵士者。惟标统涂孝烈、一营管带蒋辅丞蓄异志，不赴会。

第二节　自治总机关部之成立

十三日，曲集在事诸人续议于府署，众议以大理为迤西总汇，又驻陆军，力足号召各属，宜以大理为临时总机关，联合迤西各州县，便与省垣一气，而后治安可保。遂决议于榆设自治总机关部，以迤西绅士组成之。十四日,就考棚投票选员办理。适剑川赵藩因事赴省,闻变留榆,张肇兴、李文源往说之,固请乃许。十四日开会投票,众属意曲,曲辞,乃举赵藩为总理,递举由云龙、李福兴为协理,范宗莹为参事长,张肇兴、李文源、周宗麟、王巨卿为参事,分任团务、民政、财政、军事四科,周雯、张汝厚、张锡铭、赵荣章、洪桂馨为庶务、文牍。各职员以考棚为临时办公所,即日宣告成立。电告省垣,并通行各属,明布反正宗旨,安慰军民。时官权骤落,邮电局员役逃,警兵四散,部员逻之归,许为主持薪饷,乃复故。并募快足数十,补助交通机关。分电顺宁、丽江、楚雄三府,永北、蒙化各直隶厅。永昌电阻,专差飞递函牍。均令转所属速赞同,并举地方代表到部。楚雄守崇谦者,满洲人,虑地方与为难,以张肇兴在楚久,有信用,特加电慰之。标统涂孝烈谋抵抗不遂,夤夜遁去,幸秩序早定,无所牵扰。赵藩再致军府电,呈明议设迤西自治总机关情形,并约旬月而后,事定即请裁撤,乃入部任事。

第三节　善后事宜之筹划

十五日,出示军学绅商各界齐剪发辫,赴校场庆祝光复,街市一律悬“汉”字红旗。清真教回民见旗书“汉”字,疑之,惶惶走相诘告,几酿变。十六日,机关部集回民会议,周霞、李文源诸人为演说回汉一致、五族平等之旨,并令公推代表,得杨、杜二人入部共事,始各帖然。而榆标将士中时出危言,盖涂孝烈之逃也,即走丽江投鹤丽镇张继良,继良固李督亲信,反正前,李督以计撤榆军枪械,令收现用枪弹交继良,而别由省运发新式枪易之。曲同丰疑不应命,复电托辞缓延。至是,继良益信同丰果属革命,闻变,在丽招兵,谋抵制,孝烈附之,声言朝夕南下,榆军有通之者。西则自腾越通电言初六日举义,以后无确报,询之,未得复。道路噩耗纷传,同志会党暗中联络,欲以破坏遂其抢掠之私。于是军心浮动,营中自相猜防,人民摇惑。乃议定募行营步兵二营,克日成军,以榆标所派钟先达为教练,委李漳、赵宗鲁为营长，张肇元、邓宜卿、郑灿光、赵保龄副之。电省截留乔后盐款约二万两作饷糈，派侦探赴丽、楚、顺、蒙各属，令实以现状报，城乡添设临时警察，又遍示各属禁止造谣生事，以安人心。十七日，楚雄、丽江官绅各界复电，一体赞同反正，各属代表陆续到榆。至是乱萌渐消，惟各地方多借自治名目，有侵越攘夺为患者，乃由部详订自治规章，分发各属遵守。其地丁钱粮、厘税、盐课，有乘机观望或侵蚀者，电令公推正绅监征，由机关部严为考核。适奉军政府电调赵藩署西道兼营务处，并统西防巡防各营。藩辞，不获命，遂请署衔腾永安抚使，统西防国民军，而暂摄西道，辞总理。

第四节　郭郝蒋之死事及曲统领之惊走

赵总理藩既辞，机关部公推由云龙代之，各职员悉如旧。议练迤西三十属乡兵七千人，以资保卫。请提黑、白、琅三井附加盐款月一万八千两为补助费，余由各属自筹，兵额依地方繁简配之。太和拟定六百人，新成军两队，以杨锡荣为教练，马冀、朱昌为队长，改先募之步兵二营亦称乡兵。蒙化等处已规仿榆制，改良民团。正部署间，适驻永陆军由教练官郭龄昌率之回榆，遂酿变。初，永昌反正时，龄昌狐疑，今日传令反正，明日改令扶清。及闻腾越军至则走，已而集所部兵退扎江桥。桥铁练悬板以渡，龄昌断之，腾永与榆交通遂绝。二十日，龄昌率队入关，为蒋辅丞所部正兵陈香亭、张国权假曲协统命枪毙之于城南十里塘。曲召蒋诘问，蒋以手枪迎曲，曲命左右缚斩之，往宣其罪营中。而是时，一营左队二排长钟湘藻有异志，与陈、张兵士等联络匪人，自称同志会大代表，榆标兵袒钟者几过半数。钟势炽，遂造“革故鼎新”票据，售卖至数万张。党人暗推蒋辅丞为首领，谋乘间戕杀官绅作乱。曲使其徒郝景桂入党侦之，约有警则鸣枪为号。是日，曲宣蒋罪毕，忽闻枪声，乃惊出走，郝往从之。乱党持枪追郝急，郝以枪回射，不中。弹将尽，留一粒自击死，曲遂由官道星夜赴省。

第五节　秩序之紊乱及机关部之维持

二十二日午后，曲统领既走，营中俶扰，枪声四起，弹由城外飞入机关部，击瓦屋甚烈。部遣卫兵往追曲，曲走益急，商界代表沈钢亦追至下关外，留之不获。乱党乘隙骚动，目兵尽改装，去军帽、肩章，头缠青巾，拖尺幅脑后，匪类杂其中不辨，咸持械入城，游弋市衢，人民大恐。部员诣赵巡按、李提督处问计，不获，转而抚慰军人，以王参事巨卿及乡绅赵绍周、胡其忻往营中联络之。至则一营左队势正汹，巨卿等觅湘藻与语，不遇，乃往二营以土音说兵士，二营兵多土著，听巨卿等言，愿共保桑梓。巨卿等归白于部，人心稍定。赵巡按亦呼其乡人之充士兵者至，晓以大义，戒勿动，于是军中党分。

是夜，一、二两营各戒备如临战斗。城中义务团竞起，周信、郑灿光出为教练。杨序、张联奎、杨恒昌、王汝楫、杨凤集、周嘉行、杨荫远、杨锡圭、杨洪智、苏桢等出任临时正副团长及各团干事，团兵骤增至八百余人，皆本境学生及良民子弟之壮健者，合以新旧乡兵及赵巡按卫队，共千数百人。李提督以提标军库存械悉数交机关部，孙统带借出标营新式枪弹及服装，由部佩发兵丁，令分屯城内外守卫，以防暴动。

次日，钟湘藻来归。蒋辅丞既诛，湘藻诡谋破，惧，逃匿洱湖滨。又窃探二营兵不之附，协统走，众议推孙绍骞为标统，因疑绍骞必杀之，益不出。二十三日早，其党人拥之回营中，兵数重严卫身旁，哮猛不可近。机关部请周霞往与盟，且说绍骞计收之。绍骞免其罪，并许保为管带。于是湘藻率数十人持械来部。时城内大惊，湘藻入，置手枪佩刀案上，大呼噪。部员白手出与相见，甘言慰之。有顷，赵巡按、孙绍骞、王太潜至，公开军官绅商联合会，机关部承诺代办陆军临时筹饷所，陆军承任自维秩序，与地方乡兵分任防守，共保治安。于是人心稍定。惟城中米不入，穷民自相乱，机关部开官仓济之，召乡人入城贸易复故。而政府亦已电擢孙绍骞为标统，军营有所统率，乱萌始熄。未几，有腾永发兵数千分道取榆之耗。

第二章　腾永军之行动

第一节　张文光起义

滇垣光复前三日，腾越张文光兵起。张文光者，尝与烈士杨君振鸿及其友黄毓英、杜韩甫、马幼伯游，入同盟会最早。戊申，河口革军事败，振鸿、毓英奔缅谋再举，联党人腾缅间，遂识文光，相与泣涕言滇缅划界叠次丧地之历史，以激动人心，出革命宣言书散布之，汉、夷人民自是多怨望满政府者。振鸿乃乘机谋举义，又败，愤死。毓英遁入省投陆军，党人多匿文光家。已而界务危迫，滇人士四方奔走，言争界甚急切。陈荣昌奏参兴禄、石鸿韶划界失地，赵鹤龄奏争重勘滇缅界，杨觐东屡上界务书，言滇事阽危，摇动大局，清廷均不应。李根源赴片马侦英兵，绘山川道路地形要隘图归省，大吏弃之弗用，人情异常愤怼，热血之士，咸思脱满清羁绊，谋独立。王九龄、杨大著自日本旋滇，与李文治等发起保界会，会员以死争者相望。辛亥秋，武昌发难，省中军、学各界谋响应，机已大动，计旦夕间举事矣。而文光适自腾越一路，以同志会联络各会党及陆、防军，争先发难。

第二节　腾越独立后军队之骤增

先是榆标陆军因片马交涉，分第三营前左队驻永，后队驻腾。腾军排长陈天星又名云龙者，在军中有势力，称同志会代表，文光用之以号召党人。发难前三日，陆、防军官兵借野操会文光等郊外。既盟，定初六日举事。是夜，天星枪毙张管带桐而夺其兵柄，防军亦同时刺四营管带曹某。两军混合拥入城，围攻镇署及军械局，总兵张嘉钰服金毙，转攻道、厅署，官吏遁走，兵四塞，遂据腾城。众推文光为首领，称都督，天星称都指挥。以杨大森、张鉴安等为军事参谋，悬重饷募兵勇，收官权归地方自治。以寸开泰任民政，设财政、公款、公捐三局、审判一厅。以李昆田办警察，兼总十八练团务。与税司英员好威洛订约，缅政府不得干涉，立有据，乃遣兵送之归。并护送关道耿保奎、永昌府陈文灿、腾越厅温彝良各回籍，而留督销彭继志于腾，以清官款。新增兵四五营，地方复编士林队，为招集民兵先导，举动亦若文明。张军既据腾，乃分兵前进，意欲由腾而永而榆，得榆为根据地，以进规全滇焉。然文光为人，知之者绝鲜，讯至大理，咸怪诧之。天星又骄蹇自恣，六七日间，搜款数十万，增兵二三十营，能招百数十人来者，许为管带，次者称副管带，一旦桀黠游民，闻风蜂集，多以戕官掠民为志。旋发兵攻龙陵，毙防军管带某，破其城。东下攻永昌，永军拒之，禁怒江船，不得济，兵留禾树木者二日。而永已奉省光复电，保山县令毛汝霖集绅民宣告，悬旗反正矣。既而罗管带长庚与郭教练龄昌冲突于电局，汝霖俱，仰药死。龄昌以省电不足据，令拔去已树之旗，而自率队渡沧江，断其桥，斫电线至黄连铺，屯兵江桥东观变。

第三节　永昌西向及大理三面之危迫

十六日，腾军抵永，永兵自戕其管带罗长庚，迎陈天星入，于是永城二次反正，遂西向腾。设有因粮、财政二局，府粮、县粮、厘税三司，审判一厅。一切设施，惟天星命是听。天星既得志于永，乃大垂涎于榆，遂议分兵三路：一由顺宁、云州抵蒙化；一由云龙、丽江出乔井、喇井；而自率中路兵，直下永平趋合江，以刘竹云为先锋，与左、右两路夹攻大理。竹云先驰至永平，陷其城，县令蒋树本投之，以为参谋，令率曲洞无赖径攻蒙化。及天星至漾濞，竹云已催兵下平坡。是时大理西、南、北三面，警报频来，浪穹有巨匪郑银标等纠众自山后麦地进掠，机关部遣赵宗鲁、张肇元率乡兵防之于花甸哨，并商派陆军一队，北出会团堵剿。云龙、丽江又适被杜文礼等自永昌率众窜入，掠漕涧，占喇井、本里、响水河一带，烧杀甚剧，乔井大震。南则蒙化、顺宁告急之书，一日数至。诸路纷纷乞援，言各匪股皆陈天星派出者。而钟湘藻等嗾同志会党徒，主张欢迎陈天星。地方游民匪类，布满市衢，纠纠作异军苍头状，伺隙而起。鹤丽镇散勇络绎入关者，日不下百数，朝遣之，暮复集。哥老会之徒，散布谣言，谓腾军来必悬旗欢迎，乃可免难。人心惶惑，莫知所适。机关部议派妥员前往说明宗旨相同，毋庸用兵，欲天星驻兵平坡，单骑入关相见。孙统带疑由总理亦主欢迎，将复蹈张、罗二管带误死之覆辙也，夜间忽发令围杀由，经王巨卿、杨恒昌力解，乃已。

第四节　陈、刘进兵及榆军之防御

十月朔日，机关部接刘竹云迫大理投降令三条：一、封锁军械；二、腾出各衙署及地方公所；三、封地方财库，预备投缴。而干崖土司刀安仁亦称都督，行文至大理，迫令李提督封军装库，俟腾兵到榆点收，别给一护照，欲提督赴腾永投诚。由是军官绅民咸愤激，谋抵御。其派出陈天星部下之张文焕、魏正荣等，在永平于阳合江、漾濞一带，烧杀淫掳；李学诗部下之马鸿发、李光斗等在顺宁、永康各处抢劫。而素行不法之王元，亦投入腾军，称统领兼都指挥总参谋官，率众掳掠而东，地方异常惊惑。是时大理反正已二旬余，各属代表邓川杨琼、鹤庆舒良辅、赵州杨峦、袁学程、浪穹杨复、楚雄洪福照、宾川赵复沅、张宪贞、弥渡师源、蒙化饶廷庆、顺宁何裕如、云龙董钦、永北谭华轩、永平田钟农，并回民代表杨庆华、杜鑫等，均先后抵榆，入机关部参议事宜，消息灵通矣。先因探闻张文光兵夥而无纪律，地方群情惊惑，有防变之意。乃由机关部议增乡兵及义务民团，分守要隘，而以陆、防军出巡各路，以遏匪乱。适见刀安仁来文，群情益骇。立即备文移复，告以大理各属均已赞成滇军政府，毋庸带兵前来，腾永边防吃重，务须妥守，以俟政府命令。又叠专函电，并派代表周霞、杨峦、马冀、李漳至合江，与陈天星交涉，天星不之见。政府亦电谕使之退回，陈要挟多端，词益狂肆。霞等乃往见刘竹云，告以情理，阻其前进，竹云欲杀之，李漳等以计免，旋缚二兵士帐前斩之，威胁周霞诸人致招降书蒙化，言大理已决计欢迎彼军。霞等托言回关备牛酒犒师，乃驰返榆。

第三章　榆腾冲突及诸路之纷扰

第一节　榆军及各路之攻击腾永军

十月朔四日，竹云兵犯茅草哨，炮击榆军，适奉政府电谕大理军迎头拦击。孙统带派丁恩远、钟湘藻带一营右后队、三营前左队，星夜驰出，破之于合江四十里桥。继又派陈松寿率队破之于平坡，追至漾濞。而蒙化团长姚叔虞、赵季良等，亦率团勇破蒋树本兵，立复厅城。丽郡则李统领德泳兵又破杜文礼于喇井，乔井大使何诰率团兵进复云龙，于是刘竹云遁走。榆军钟湘藻因新擢管带，以同志会攻同志会，前约瓦解，陈天星无所恃，乃不复东下，狼狈逃回永昌。榆军拔队返，仍驻下关天生桥附近防守，人心稍定。而顺宁告急书又至，顺绅何裕如、赵珩先后到榆请援，并由榆电呈军府匪乱情形，请以顺、云、缅三属仍隶迤西，求榆军保护。云州、蒙化亦遣人至大理机关部号泣呼救。

第二节　顺宁之乱及腾永军之出攻

先是，顺宁府琦璘奉省电，即传谕所属一律反正，而自愿捐俸助饷，与地方共维治安，军府曾电奖之。突有土匪谭占标勾结曾镜良等倡乱，县令罗念慈逃匿，防军哨弁石永直御匪力战死。琦守缒城出，逃至炭山，闻马协长安将至，拟晤之与商破匪机略，复转至东山后，被贼拘入城，刃之警局门首。谭匪遂据官署，破牢纵囚，广收匪党。土匪李正举乘间杀石甸司经历王寿良，据其署，自为经历，旋投腾永军。自是顺、云一带盗贼蜂起，居民纷纷逃避，各局所学校悉糜烂。地方绅士闻榆军与省军政府一气，乃密遣赵珩等赴榆请援。而袁恩锡则取捷径，自乞援于永昌。是时腾永军将由顺下云、蒙，以取大理，即派第二营李干櫓、白芝璞，第六营李光斗、马鸿发，第三营宋学诗、邵华轩，第十四营邵华、禹定邦，并新招之李正举等兵，以李学诗为统带，袁恩锡为前军督队官兼参谋，驰赴顺，捕杀谭占标及曾镜良，余匪悉投腾永军。腾永军裹胁益众，叠次勒顺借饷，顺人苦之，有以虎噬虎之谣，复阴遣人催请榆军击腾永军。

第二节　顺宁之乱及腾永军之出攻

先是，顺宁府琦璘奉省电，即传谕所属一律反正，而自愿捐俸助饷，与地方共维治安，军府曾电奖之。突有土匪谭占标勾结曾镜良等倡乱，县令罗念慈逃匿，防军哨弁石永直御匪力战死。琦守缒城出，逃至炭山，闻马协长安将至，拟晤之与商破匪机略，复转至东山后，被贼拘入城，刃之警局门首。谭匪遂据官署，破牢纵囚，广收匪党。土匪李正举乘间杀石甸司经历王寿良，据其署，自为经历，旋投腾永军。自是顺、云一带盗贼蜂起，居民纷纷逃避，各局所学校悉糜烂。地方绅士闻榆军与省军政府一气，乃密遣赵珩等赴榆请援。而袁恩锡则取捷径，自乞援于永昌。是时腾永军将由顺下云、蒙，以取大理，即派第二营李干櫓、白芝璞，第六营李光斗、马鸿发，第三营宋学诗、邵华轩，第十四营邵华、禹定邦，并新招之李正举等兵，以李学诗为统带，袁恩锡为前军督队官兼参谋，驰赴顺，捕杀谭占标及曾镜良，余匪悉投腾永军。腾永军裹胁益众，叠次勒顺借饷，顺人苦之，有以虎噬虎之谣，复阴遣人催请榆军击腾永军。

第三节　榆军出援顺云、蒙各路及其平定

腾永军乃分兵他窜，留袁恩锡及其属张国柱、赵荣升等驻顺，而以宋学诗、邵华轩兵出发蒙化，李学诗率李干櫓、白芝璞、邵华、禹定邦等兵，出发云州，李光斗、马鸿发兵出发永康。时永康州牧陈文光死于匪，又地远无援救，惟腾永军之命是听。蒙化则星夜奔榆乞援，孙统带檄驻宾川陆军罗绍湘一队赵蒙，御宋学诗于西鼠街。十二日，绍湘径赴敌营猛战，身中数枪，犹击毙敌兵数人，大呼而死。排长粟鸿飞继之指挥，复获胜，而钟湘藻兵亦由下关驰至，李学诗等乃奔回顺宁。同时云州亦专足来榆求救，盖白芝璞等先学诗到云，军纪亦殊不严，多淫掠，云人因怨学诗。北乡团绅李宗唐等误为腾永土匪据城，集合各乡团勇攻之，而学诗亦指宗唐为谭匪余党，颇肆杀戮，致已反正之州牧方濂，吞鸦片死。榆军因顺绅之请，乃檄钟湘藻率队由蒙化赴顺，并援云。此时政府已命第二师长李根源统师西上，将至榆，李学诗乃由云回顺，与马协长安亟力招抚，靖匪乱。二十六日，湘藻抵顺，兵扼东山头，将开炮击城内腾永军，袁恩锡投其军中联络缓之，旋奉李师长电止战，遂拔队旋榆。赵巡按请以宾川州牧张汉皋署顺守，商由榆军抽兵送之赴任，电告以安民心。张文光始撤陈天星部下漾濞兵回永，诱杜文礼回腾，令马占标劫杀之，而以讲武堂生刘有金入云龙保井，与榆联络。有金军纪果严明，机关部电请李师长委为驻井管带，云龙亦靖。旋又调李学诗部下回顺，并函达大理，将派腾永代表张蔚臣、张鲁香等入关调和。刀安仁闻省军西来，自分不能为都督，已先逃逸。自是大、丽、蒙、顺一带，声息相通，可无战事矣。

第四节　永北之乱及机关部之裁撤

榆、腾战争止息，迤西大部分已渐宁静。惟僻远诸地，时有同志会党徒，假迤西自治总机关部名，别立迤西自治团体会或分机关部，淆人耳目，骇诈愚民。总机关部屡与赵巡按会衔出示严禁，取消分部数处，而永北一带，竟酿仇杀冲突之事。初，迤西各属反正，永北独迟。总机关部迭行文催饬厅丞田亮勋从速赞成，并派代表来部，筹议保安地方事宜后，田丞已饬地方悬旗庆祝矣。而劣绅黎元和、谭华等，自充代表至榆，言永城并未反正，机关部复发以政府文电各件，令速归劝官绅。元和回永，乃纠党设立自治机关分部，集合土舍高长新、高长祐，并自治局绅杨锠、唐尧及沿途附从者数十人，枪刀环立自治局，逼官交印捐饷。田亮勋及厘员韩国相出银千数百两乞免死，霸收钱粮税课，胁夺军械文牍，劫狱纵囚，令其党羽谭绍南、胡墀等戕杀彭湘家数十命。又于金江街及刘官约肆烧杀，抄抢江外地花坪、紫杆各村，及顺州土司地羊沙、喇黑、早郎、大石桥一带，并许复高长祐土职，勾结土民为乱。以致四乡惊扰，岌岌不安。总机关部与赵巡按查知其事，立传谕交还官印，一切钱粮、税课、军械、文牍，仍归官治，并电呈政府将元和诱榆惩办。而各私立会党仍以推倒官吏、斩杀自由等讹言，混贴于总机关文告左右。由总理及各参事因议请撤总机关部，以清官治、自治界限。于是密电省政府，请申前约，裁撤总机关部。奉准后，先遣散所招乡兵及城乡各义务民团。余饷、军装及文卷等项，悉封闭。二十七日，李师长根源到榆，机关部总理由云龙、协理李福兴暨参事等，即将经手事项，分别移交赵巡按及司令部，各职员即日解散。计自设立至裁撤，为期仅四旬，用款不及万金。然综计部中所办要事，约有五端：一、光复之初，迤西各属官绅极其观望，文电不通之地，惊扰疑惧尤甚。自机关部成立，频发文言、白话通电各属，明白开导，遂相率赞成反正，各地方官骤失信用，政令不行，机关部为之综理，于是官绅应办之事，有所秉承，有所归宿，而地方以靖。二、各地方劣绅及好事之徒，乘扰攘之际，与地方官吏为难，一方面复造作蜚语，以鱼肉小民。或抗厘税，或妄派捐，民心惶恐。自机关部成立，严定官治、自治之分，申明反正后一切继续办理，毋得率有变更，反复警诫，而秩序稳静，无所伤损。三、榆标各营，良莠不一。入哥老会者屡欲纠合党羽，乘间抢劫，民间一夕数惊。机关部成立，调练乡兵，以隐相钳制，竟不得逞，城市以安。四、张文光发难，虽属义举，而用人流品太杂。其部下陈天星等屡欲规取大理为根据地，迭经解说不听，竟以重兵分扰各郡。经机关部联合陆军及防营，分投严防，如顺宁、云州、蒙化、喇井、云龙、漾濞各地，均被指授机宜，痛加剿击，始敛兵而退。至于丽江、永北、楚雄及所属各州县，皆由机关部号召联络，使一体服从省军政府。五、榆军大部分反对曲统领，曲不得已逃去，各属闻讯大恐，机关部力为抚慰镇摄。其最枭桀如钟湘藻等，均帖然就范，卒为地方利用，以收戡定之功。其他如派员分赴各属，演说宗旨，劝谕禁烟、照旧上学、纳粮、上税，各守法纪，则又以余力为之，不无裨益。总之，联络各属，维持治安，识者多机关部之力焉。其后李师长乃电请军府，擢由总理云龙为永昌知府，李协理福兴为参议院参议官，奖参事范宗莹等以同协都尉以下职衔有差，改机关部为陆军饷械局。而大理绅商界感陆军保城池功，会议建纪念亭南城外，赵巡按为书“民不能忘”四字表之。军人之枭桀者亦以名誉相勖，自是军民相安无事，迤西各属文武一切政令，悉出第二师司令部。

第四章　李根源西巡及榆腾之调和

第一节　榆腾问题之解决

李根源之出也，以第二师师长兼国民军总司令，节制文武官吏，自楚以下六郡、三直隶厅、三十五州、县，举以畀之，悉听裁决，不为遥制。虽所带军队，仅步兵两营、炮兵两队、机关枪一队、马一排，然权专则威重，故事皆易集。抵榆后，以提督署为总司令部，军队分驻各学校及公所，改西路各防军为国民军，使受节制。署丁彦为鹤丽镇，李学诗为顺云协，皆兼带国民军。编孙绍骞军入第七联，以绍骞为联长。委参谋官秦恩述署大理守、兼摄太和县事，榆军官兵直隶之，悉唯唯听命。十月初一日，腾永代表张蔚臣、张鲁香、李昆田、刘品三、杨贡诚、林绮楼、杨镕斋、杨勉斋、方镜虚等至榆，根源饬大理周霞、赵宗鲁、马幼伯往迎之于路，下令十一日议腾榆冲突案。及期，特提关于腾永方面事九条：一、裁汰兵勇，只留七营；二、停捐派；三、设置官吏，凡军队不准干预地方政治；四、所有收入、用出之款，须逐次胪列通告；五、腾永所发纸币，如何收回；六、禁运缅盐；七、将刘竹云、杜文礼等解案审讯酌办；八、七营以外裁撤各员弁，应饬到省听候委用，或随第二师行营差遣；九、腾永贤能公推多人到军都督府各部、各司、参议院等处，襄办一切庶政。再会议专条外，果将兵勇裁留七营，该七营饷糈并奖赏费与懋奖在事出力人员，均由军都督府承认。诸代表传观毕，悉从命。大理军、绅虽欲甘心陈天星、刘竹云，至是已无人出而争执，事遂平。

第二节　李根源西赴腾越及其筹划

二十八日，根源率师由榆出发，抽其旧部省兵，并带榆军王太潜一大队，西上腾越。其出发命令如次：一、方大队于二十五日由榆出发；二、刘支队长于二十六日率郑中队、赵中队、邓炮队、邢机枪队、马队，由榆出发；三、王大队于二十七日由榆出发；四、师司令部人员及卫队，随同于二十八日由榆出发；五、西防国民军第二十一营于二十九日出发，第二十二营于三十日出发；六、第八联所部步队及警卫队，均用湖北小口径枪，无者即具领由械局分局领换；七、第八联步枪子弹，应驮载十万发，步兵每人携一百发；八、王大队用新式枪，子弹应驮载二万发外，每人携带一百发；九、西防国民军第二十一、二十二营子弹，尽所有者携带；十、邓炮队带新式管退炮四尊，每炮带子弹一百发，开花、子母各半；十一、邢机关枪队带机关枪四挺，子弹全带；十二、各部队应需驮马若干匹，按实具单呈请发给；十三、孙联长率钟大队、陆中队、施中队留守榆城，钟大队仍驻第七联营舍，陈大队仍驻下关，施中队驻师司令部，陆中队驻饷械局，陆、施两中队着归孙联长管辖指挥；十四、凡榆城及附近州县一切卫戍事宜，责成孙联长担任；十五、本师长公出，各处来文，由孙联长及本师参事官署大理府秦守会同代印行折，寻常事件，由该联长、参事随到随办，惟重要事务，仍送行营办理。令既下，遂各队依次起程。赵藩带国民军两营驰其后，赴西道任，由云龙亦随赴永昌守任。当是时，腾人心志大定，然以兵多，饷不济，取关款、盐款、铁路公司存款、粮税各款数十万。用罄，不足，至按户籍派捐，集十数万。亦不足，又行钞币，名军用票。所略地用“军兴法”，官司悉废坏，人民漫无归束，兵多抢攘。而土司刀安仁亦乘隙索张文光饷与械，煽西南诸土司为乱，强发纸币数万。安仁逃，其余众犹纷纭不可收拾。军中独张文光识大体，诸将心犹叵测，其得罪者殊疑俱，弗自安。且将裁兵，宜有以镇抚，又与榆军有隙，憎其来。根源与赵藩谋，乃以榆军与腾军攻战者留城中，未相见者从行，又分布诸路杀其势。所过郡邑，抚其所驻军，皆受约束，各置守吏收其权。

第三节　裁兵后之变乱及军事之整顿

根源至腾，改腾越厅为腾越府。见腾冲兵最多，次为永昌，计先裁腾兵，乃调永昌兵入腾，以次裁之。遂与张文光议罢捐派，设官，布政令，一切皆具。保文光为协都督、授总兵官，镇腾冲。乃大裁遣其军，一日遣数千人，无哗者，将调永昌军而难作。初，文光保其部下彭蓂人笃实可任使，根源使守永昌。黄鉴锋者故无赖，同主兵，不能遽去之。未几，钱泰丰以彭蓂误发枪击死，其兵围杀彭蓂，几酿乱，得宋宝奎等出而约束，由守、王大队长安辑戒备，乱始定。而黄鉴锋又与城中匪通，夜焚数百家，大出劫夺。王太潜军及府署卫兵亦与通，故难作。永城溃烂，腾中为摇惑，夜数惊。牵及在顺之腾永军，亦群情汹汹，乱机四伏。驻大理者亦因而动摇，城中惊恐。根源佯慰其众，诱黄鉴锋杀之腾，而遣王太潜军出永昌退伍，益裁汰诸路兵，合西防军，定民军编制，画卫戍地。腾永军二十三营，裁并为七营，编入西防国民军第十一营至第十七营，令分防各要隘。以十一营管带率一哨零四棚驻盏达。以一哨弁率半哨驻昔马，以一哨驻蛮允。凡盏达土司属境及蛮允地方，皆该营卫戍地。第十二营管带率两哨驻南甸地面，以半哨驻猴桥，半哨驻芷那。凡南甸土司属境及古勇、盏西地方，皆该营卫戍地。第十三营管带率两哨驻干崖，以该管帮带率一哨分驻户撒、腊撒。凡干崖、户撒、腊撒三土司属境，皆该营卫戍地。第十四营管带率一哨驻猛戛，帮带率一哨驻龙陵厅治，以一哨分驻遮放、芒市地面，由该营官长择扼要无瘴地方驻扎。凡龙陵厅及芒市、遮放两土司属境，皆该营卫戍地。第十五营管带驻腾冲府治，以一棚驻灰坡，一棚驻禾树木。凡滕越县属十八练、八卡及西北边界各地方，皆该营卫戍地。第十六营管带率一哨驻陇川地面，以一哨驻猛卯地面。均由该营官长择扼要地方烟瘴较轻者驻扎。以帮带率一哨驻杉木笼，凡猛卯、陇川两土司属境及杉木笼地方，皆该营卫戍地。第十七营管带率一哨驻永康州治，以一哨驻麻栗坝或小猛统。以帮带率一哨驻保山县治，凡保山县、永康州属境，皆该营卫戍地。举凡协助地方官吏、保卫地方、巡查边界、缉捕盗贼、弹压土夷，皆其职务。其卫戍地段内，如有防务懈驰、抢劫滋事各情，均该营专任其责。此外保卫队一营，作为张镇文光本部卫队，由该管带率驻镇署。保商营一营，专为保安商旅而设，其卫戍地及驻扎地点仍令照旧。各管带均归腾越镇统辖。其余西防国民各军，亦从之厘定编制：以李提台兼带之营编为第一，熊其勋营为第二，归大理提台统辖。李学诗兼带之营为第三，暂隶师司令部。李德泳兼带之营为第四，王遇春营为第五，姜德兴营为第六，归丽维统领统辖。尹明玉营为第七，周连彪营为第八，归鹤丽镇统辖。杨钟骥营为第九，赵勋泰营为第十，归西道统辖。使与第十一至十七营前后编制衔接，以相策应。自是迤西各路，防卫周密，号令日肃，秩序渐恢矣。

第四节　大理陆军之退伍

根源既大裁腾永兵，即乘势令榆军退伍。惟榆军闻腾永军变后，常不靖，根源电军府请分榆军取道永北、会理、建昌援川。适省中援川军已出发，而建昌官绅连电阻兵，榆军遂止不行。根源乃密饬孙绍骞行退伍法，满役者皆以次退，不及期者资遣归。然后行征兵制，选官长，严教练，以为国防备。方退伍时，危难数倍于裁兵。兵丁要求四条：一、退伍兵将来调操与否及有无饷糈？二、退伍时须照章给与服章，及按退休制略办理。三、回籍后可否与普通人稍有优异？四、须有正式之退伍执照。当其任者固难之。然久练之兵，精神疲玩，军纪废弛，此不能不退伍者一。不实行退伍，失信于民，以后无人从军，此不能不退伍者二。永远操练，不行退伍，战时人员，则无续备、后备之增加，此不能不退伍者三。凡充兵籍者，正值妙年，久在营内则生产力减少,此不能不退伍者四。此次反正,戕杀长官,彼等已印入脑筋。将来有警,必不适用,此不能不退伍者五。前日之兵,品类复杂,亦非确系土著,无有国家思想,此不能不退伍者六。反正后秩序紊乱,人人以升官发财为观念,此不能不退伍者七。在营日久,如同猾吏,自骄自盈,以为功高勋著,此不能不退伍者八。有此八者,退伍诚不容少缓。幸榆军多邻近民籍,孙联长办理妥当,绅士等则屡以名誉拘制之,得晏然无事。顺宁亦经知府张汉皋调停,筹给饷资,使稍慰欲壑,得免于乱。根源复自腾永诸路严缉变兵拿办之,杀其头目多人,其未属变兵而留赘与在籍者,则从严限制之。又令陆军中队长聂绅文率领本队目兵,出巡南甸、干崖、盏达、蛮允、户腊撒,陇川、猛卯、蹅出、遮放、芒市、龙陵各地方,查办匪徒,以示声威,以消隐患。事竣,即由龙陵回驻永昌。自是兵患始息,人得安枕。

第五节　土司地之经营及李根源解职

西事既平,根源乃锐意政治,凡应兴应革者,与赵藩昕夕筹谋,政无不举。其在师中所为,如置漾濞县、弥渡县,定保山、永平、顺宁、蒙化、云龙地之相错者,革弊俗,正风化,废旧祀之不合祭法者,而建明代开创殉国遗逸祠,修乡贤之祀,表忠烈之墓,复迤西模范中学校,设永昌师范学校,试行强迫教育,咨遣腾永学生出洋留学,饬各郡县兴棉业、林业、畜牧、矿产,合腾永两府设实业公司,附以垦殖,开商会,立银行,整币制,欲行之以规久远。已复经营西南土司与怒俅之地,建二策于政府,一主急进,一主渐进,军府卒从其后策。自南甸以下诸土司地,各设行政委员一人。又择其冲繁者增设巡捕员四人佐之。其区域权限,悉如根源议。惟六库、老窝、登埂、鲁掌、卯照地,皆与片马相接。而上、下片马,实属登埂,乃先设治名泸水县。邻近有练地,亦土巡捕,以永昌府经历移治焉。怒俅地者,怒江、俅江之东、西岸,恩梅开江以内皆是也。地险恶,绳桥以渡,道路未通,其人犷野椎埋为俗,稍成部落，未有市府，汉人不能至，故设官尤难。根源初自片马归，即图其地形经营之，未得行。至是乃遣军中习夷情者，率士卒杂负版工匠之属，分道入探之。兵入怒地，数濒险，卒得出，且降其众，修道路可往来焉。乃增其兵为殖边队四队，以出怒江，设殖边局管之，以备兵食，便策应。移人民开垦凿，通工易市，为异日设官之备，且以绝外人东侵北上之渐。初，英兵入片马时，腾永奸民伍嘉瑗等为向导，至是，根源捕治之。英领大忿，以根源在迤西威权无限，力谋去之，电请军府撤退根源还省，又电驻京英使向外交部力摘根源短，以迤西巡按使赵藩与有龃龉，并请更易。军府据理力争，坚持不允，英领无如何。复以张文光过界捕人违约，电请惩处。军府以过界捕人非文光意，允罚捕兵，事遂寝。

既而根源闻西藏饷道绝，番人将蠢动，然事犹未亟，巴、里塘诸所，犹有川军戍其地。因驰檄告川军无溃散，为任援应供转饷。使其事行，则驻藏兵不溃，番人不叛，而藏乱亦不炽。会蜀政府与援川军交恶，边使不通，川军遂溃，襄城叛，巴、里塘皆相继陷，始于阿墩、中甸、维西、永北诸路严戒备。土番不得窜扰。更收川军散亡者数百人，为入藏向导。后政府议自中、维出师以援藏。

赵藩辞职，根源乃与藩并辔旋大理，请以张文光为大理提督，李德泳署腾越镇，调孙绍骞为国民军统领，使往维西。杀王太潜以谢永昌，以缪家寿为第七联联长，驻大理。根源病求解职，都督连电慰之，求益坚。乃令殷承督师西征。根源与赵藩、杨琼等徜徉山水间，访遗书，搜胜迹，标榜文事为乐。是时迤西各地已靖，虽腾永散兵余波，时有起伏，不足为患矣。

附草稿二件

一、云南光复志·迤西篇第六

迤西各地以大理为中枢，自古有事云南者必先扼榆城，然后是以左右南服。辛亥八月，武昌举义，其后滇省谋起兵，榆人士即借冬防调练乡团，家出一人操演。而驻榆七十六标陆军，亦阴有预备。九月九日，滇垣反正，十一日电至，郡守周安元与县令胡懋芬匿不敢发。其明日，协统曲同丰侦知之，与二营管带孙绍骞密谋，调二营兵持械出城镇压。兵既集，乃告安元集官绅府署中会议，决从违。提督李福兴、参将李桂芬、巡防管带赵勋泰、军需委员吴绍麟、中学堂监督由云龙暨议、参两会绅士范宗莹、周宗麟、李文源、赵绍周等，均先后至。安元出军政府电传观，众默然。有顷，乃同往延曲取决。曲入，以模棱语探众议。赵绍周首先发言赞成。曲曰："如是，即地方之福矣。"遂拟覆省电，签名拍发。邀众出，集军队门右，宣布省电，演说反正宗旨，众欢然，即分兵守四城。是夜，人民熙攘街衢，有出壶浆饮士兵者。惟标统涂孝烈、一营管带蒋辅丞蓄异志，不赴会。曲虑之，乃以绅士筹议善后事宜，众议以大理为迤西总汇，又驻陆军，力足号召各属，宜先设总机关，由榆联合迤西各属，使一气倾心省垣，然后治安可保。遂定议设迤西自治总机关部。适剑川赵藩因事赴省，留于榆，榆绅邀之出。十四日，开会投票，即举为总理。递举由云龙、李福兴为协理，范宗莹为参事长，张肇兴、李文源、周宗麟、王巨卿为参事，分任团务、民政、财政、军事四科。

二、云南光复史

第□篇迤西

第□章大理军绅之响应

第□节历史上之影响

大理为迤西重镇，蒙、郑、赵、杨、段独立之国都。苍洱百二里山河间，一城之存亡，恒足左右南服。汉唐以来，中国屡征之，不得志也。

明太祖既服中夏，遣傅友德征云南，以蓝玉、沐英攻大理，拔其城，擒段世，遂下鹤庆、丽江、金齿诸路，云南悉平。我汉族自是始屯田，南来以抚斯土，以故居民多金陵籍，文物灿然可观。满清窃国，吴三桂引贼南攻，追永历帝至大理，王国勋战死普淜，白文选败于龙尾关，帝走腾越，已而遁入缅，大理失，滇遂亡。满人以榆地险要，驻以提督，统辖各协镇绿旗兵。旋增练军，置兵备道，大力镇压之二百余年。咸丰丙辰，回民杜文秀据之，迤西郡邑悉陷，滇大乱。清廷指为回汉互斗，责滇人自出军饷，充兵役，夺复城池，劳师十余稔，人民大困，榆尤惨。于是财殚力痡，南诏之雄风遂寝。我汉族前此奴夷者，亦与夷同奴于满而安之矣。光绪庚子以后，时事日危，志士争先游学外国。郡人周霞，六十二岁，发奋东渡日本留学，诸少年踵之，于是教育、自治、新政，一与会垣相应。凡有兴革，各郡县多耳目榆者，而邮政、电报，又为西路交通机关。未几，陆军第十九镇成，三十八协七十六标驻榆，建营房城北三塔寺东偏，云南第二中学校亦分设榆城，各属声气大通。虽防营裁撤，西道移驻腾越，提督拥虚位，而新军、学堂，骎骎日盛，集会常千数百人。榆人李文治、马冀，先后罹革案几死。大理府邹志清谋兴党狱，逻留学生及地方自治员绅姓名，将坑之，激走绅士数十人境外，人情大愤。继之片马界务危迫，王人文在蜀主持争路事，诱动革命，乡父老直接受其影响。协统曲同丰来榆，军、学两界沟通。辛亥八月，武昌举义，讯由商号达榆，榆人士日夜谋保治安，借冬防整顿乡团，家出一人操演，而七十六标陆军，亦阴有预备矣。

五、迤南篇

郭燮熙　编纂　蔡锷　审订

辛亥九月十一日，驻临安新军得省城九日光复电，队官何海清、盛荣超遂倡议响应，教练官赵复祥颔之，然犹以必得朱朝瑛赞同，事乃有济。朱朝瑛者，雄于资，又素负乡望，建水大姓也。先是朝瑛接龙济光电，代募兵三营到粤东，已募四百余名，分驻四城楼、观音仓等处。适佴致中归自粤西，朝瑛约与共事，谓所募之兵，接龙电，催速往，行止将若何？致中曰："兵无妨招，粤东可勿往也。滇革命军将起，请姑待之。"九月初旬，朝瑛接匿名书函二，亦风劝勿之粤东，隐隐示革命意。佴致中同观之，问复函否？曰："未也。"致中曰："当急复之，以表同情。"曰："不识为何许人。"致中曰："可揭一广告，使闻之。"即代拟广告，略谓朝瑛所募之兵，非与新军反对。甫张出，复祥即使李镜明、吴传声到朝瑛家，秘密商议革命事。新军、民军，始相联络矣。

九月十一日，既得省垣光复电，赵、朱密议，即于是夜九钟时举事，军中推赵复祥为临时统领，朱朝瑛为副统领。午前九时，朝瑛与佴致中、范嵩龄、王诒湘分往四城楼，密谕民军，言今夜新军入城，当开城欢迎，勿放枪，违者惩以军法。午后十时，一、二两营同时发难，何海清、盛荣超夺其军，各在操场宣告起义宗旨，众呼万岁。先后率队向南城直入，先攻府署，知府吴昌祀逾垣走，标统罗鸿逵闻变，夜缒而去。是时北校场第三营竟夜寂无声，乃以号兵自北城上号召，三营连声应之。黎明，绕由南门入城。防营管带张鼎甲驻兵镇署，已先通消息表同情。两军于民，秋毫无犯，临安全城光复。

十二日晨，赵复祥、朱朝瑛就自治公所集军民各界筹议，复祥推朝瑛为统领，愿下之，而自为副统领，佴致中为参谋。即将光复情形电省军政府，取消七十五标名称，组织南军军政府。是日决议，朱朝瑛镇守临安，赵复祥任统军，攻取蒙自。爰添募新军，派吴传声率一中队先出发。

蒙自关道龚心湛，在满清官吏中，有能名，初闻省垣光复，冀图反抗。及临安军起，中学堂监督李曰垓说以与临军联络，保治安。心湛即遣曰垓诣临安光复军，代表赞同意，而阴遣督带孔繁琴自个旧率防军三营，先攻临安。十三日，至攀枝花。时复祥先派进取蒙自之军将出发,朝瑛所招民军三营为预备队,顾尚未知敌兵之突来也。有建水役马者李鸿宾,行至普雄,见敌兵汹汹至,即出资雇人飞函报警。朝瑛急遣邓云广、张禄、尚毅德带领民兵逆战,复祥派新军一队,同赴前敌。当光复之初,朝瑛、复祥以心湛拥兵为梗,电请省军府救援,回电云:"能战则战,否则固守临城,现已遣罗统领即日南征"等语。南军闻知,争先奋往。行抵破椏口山麓,而敌兵卒至,相持良久,子弹已空。新军将弁见民军战甚力,乃分子弹予之。邓云广督军猛进,张禄以我军仰攻不利,即绕道玉屏山拊敌之背,夹攻之。鏖战逾二时许,孔繁琴中枪仆,敌兵舁送十里外,始大奔。营管带盛荣超星夜蹑追至普雄,遇溃兵三十余名据守观音阁,我军攻之,遂缴械投降。闻孔繁琴宿孔姓旅舍,乃擒而枪毙之。是役也,杀防兵五十余名,虏三十余名,获枪弹甚多,余众溃散,我军阵亡一人。

龚心湛闻孔繁琴败死,十五日乘早车遁去。蒙绅集团防兵五营城守。是晚,守军装局兵劫快枪数十枝,走阿迷、弥勒。次日,吴传声、张鼎甲先到蒙自,联络各界,悬旗反正。赵统领随率军至自临安,众欢迎。寻奉省军府电令,委赵复祥兼署蒙自关道,朱朝瑛署临元镇,郡人王垂书署临安知府。

初,省垣光复后,军府以南防毗连越南,且防营势力颇厚,反侧未安。乃编成步队一联为基干之混成支队,以罗佩金为统领,庾恩旸为参谋,率之南征。开化镇夏文炳慑于兵威,于十九日先举旗反正。自是南防各营,皆率所部降。惟反正伊始,各处土匪,蠢蠢欲动,个旧一邑,尤为滇财富要区,平时匪类麇集,比闻临军举事,即啸聚思逞,商民惶惧。朱朝瑛鉴于昔者周云祥之乱,乃募兵三营,以张和、钟文学、苏镇南为管带,分防震慑。和有威望,群匪敛迹,个旧赖以安。别派李家祺、刘凤祥带兵两哨,巡防石屏、峨峨、河西、宁州、新兴、江川一带。初至石屏龙朋里,击毙匪首龙向起,余党各鸟兽散。复于新兴后裕乡杀毙著名匪棍王云章。又派李哨弁追迹浪广积匪史春能、史奴生叔侄。该匪率党百余人进省投效,朝瑛先电军府声其罪状,比该匪至省,遂歼厥渠魁十数人,余党取保放归。澄江各属,得以安靖。佩金至临、蒙劳军毕，还省。未几，有蒙自兵变之事。

先是复祥当临安光复后，以新军缺额綦多，乃仓卒招募以补足之。盗犯、痞棍、土匪悉羼入。比驻蒙自，拟取道开广，达粤入湘以援鄂，而兵额不足，复招新兵一营，然多系防营溃兵，变乱之机，伏于此矣。重以第三营新军，独无发难功，行赏之日，一、二营目兵，各给银五元，三营减之，仅各给三元。军中无识者，动加丑诋，遂至积羞成愤，以图一逞。且军纪不严，赌风甚炽。时河口副督办许德芬以军府成立，需款甚殷，将署中所存湖北协款，解省济用。复祥截留二十余万，作蒙自军饷。营中赌而输者，窥道署多金，已萌抢劫之意。而参谋官李镇邦谋充司令，马队军士龚裕如志在饱掳掠，邑人李某从事道署，更阴与匪通。至十月十三日，遂至爆发，全部叛变。先攻军械局，抢快枪二百余杆。继攻道署，库贮饷项劫夺一空。焚掠市场，商埠亦被蹂躏。将校以下，逃匿殆尽。复祥闻变，急走河口，南防震动。越南法兵，调集沿边，势将借口侵入，事机危甚。军府与法领交涉，谓蒙乱指日可平，铁路一带，当派兵沿途驻扎保护，决无他虞。法商所受损失，事后议偿。法领素感军府诚信，无异言。一面电谕蒙自叛军速复旧状，勿得擅动。电饬临安、开广各军，严加防堵。即先由省派遣军队保护铁路，沿途驻扎。令朱朝瑛赴蒙抚慰叛军，严守个旧。复命佩金单骑赴蒙，剀切宣慰。越十六日，佩金及朝瑛莅蒙，分调驻旧国民军第四营张和、第五营钟文学、驻临国民军第二营张禄，屯扎要隘，申儆开导，该军始帖然。佩金密电省，请将驻蒙新军全部编为北伐军，陆续调省，俟分别惩处淘汰。濒行，在关道署，将为首之李镇邦、龚裕和等数人，枪毙示众。其余叛首郭耀龙、张志江等二十余人，先后在省正法，军民为之肃然。蒙自关道、军府委何国钧署理，蒙乱遂平。

自蒙自而南，距二百数十里为开化府，知府石受铭与开化镇同城。初闻省垣反正，已电军府共表同意。石就地募土兵一营，以邑人余树松为管带。既而树松叛变，石吞洋油燃火自烧死，余匪遂抢掠城中富商，经夏文炳督军弹压，变兵溃散，余树松惧罪潜逃。嗣被获解省，审讯不虚，置之法。迤南之乱悉平。

六、援川篇（二种）

援川篇(一)

张肇兴　编纂　蔡锷　审订

辛亥九月中旬,滇垣光复甫旬余,西、南两路,尚未大定。地则偏于一隅,兵强而财不足,且介乎英、法两大之间,虽反正,独立难,不能不联合邻省,致力中原,以谋辅车之依。而是时武汉战争甚烈,湘、赣、皖、苏虽先后响应,鄂据扬子江中游,当中国腹部,又首发难,为战事焦点。必鄂定而后中原可定,北虏可灭,势也。乃汉阳复而旋失,汉口继陷,武昌危迫,大局尚不可知。其扼乎长江上游,足以制鄂之命者,则清川督赵尔丰之兵,方驰骋于成都、简州间;清使臣端方之兵,亦盘踞重庆;而联豫、傅华嵩等,复率兵出西藏以据雅州;清军又适陷晋省,甘督升允亦兵出秦中。秦地东接晋、豫,南通巴、蜀,又遥与赵、端兵联络,势将分道而出:一由川北逾秦出晋,以达燕、豫,为北军之中坚;一由简、资、重庆合兵夔州,以出宜、荆而达汉阳,断鄂之左臂。则大局之危危于鄂,而鄂之危又危于蜀。赵、端、联、傅一日不去,蜀一日不平。蜀不平,鄂东北受敌,西南援绝,终将不保。筹策者必以先平蜀,释武汉西顾忧,为兵谋上最大关键焉。而川中假同志会之属,蠢动如毛,所在劫掠焚杀,又自予敌以间。赵、端等复传檄远近,假忠爱名词,煽惑而号召之。匪徒得两方借口,乘隙作乱,遂至面面树敌,蜀中革命志士新起兵,力固不能制也。初,蜀人士抗争铁路,护督滇人王人文助之,为请命,不获,去。清廷代以赵尔丰。尔丰曾任永宁道及用兵西藏,性暴虐,人目之曰屠伯。自是以兵抵任,益大暴,拘抗议者蒲殿俊等署中。清复派端方率新军入渝,威胁蜀人。人心愤激,义勇之士,集同志誓以死争。武昌应之,乃举义旗,而蜀中棒客、痞匪,由之借名蜂起,四路骚然。自渝以上,邮电隔绝,声息不通,殆不知域中为谁家天下矣。方是时为北军力所不及,与蜀唇齿相依,可分兵援蜀,出顾大局者,惟滇、黔耳。黔力弱且棼,滇遂不能辞责。而旅滇蜀人郭灿等,以乡里糜烂,奔走号呼,相率涕泣上书乞师于滇军政府。黎、黄、谭前后自湘、鄂来电敦嘱援蜀,以解鄂危。重庆都督张培爵复迭电请援,胡景伊亦自广西电请滇军出师赴急。景伊曾居云南陆军要职,与滇中诸将佐习,多信用其言者。且滇之东面、北面、西北面,皆与川接壤。言形变则以叙州为吭咽,泸、渝为门户,谋滇者恒重视之。而蜀乱适以东南方当扬子上流诸地为尤烈,又不无兵谋上之关系。旧时川协滇饷岁常数十万,川难急,滇人于义亦不能漠视,爰是滇军政府因有援蜀之议。

二十一日,滇军政府议援蜀案,标出三大宗旨:一、天府之国,为形势所必争,川乱平,则鄂无牵制;一、铁路风潮起,各省次第反正,川为赵、端所钳制,转不能独立,应扶助之,俾五族早定共和;一、赵、端大肆淫威,政、学、商、绅,死亡枕藉,宜披发缨冠往救。众皆首肯,议既决,遂筹战备。军队分为两梯团,第一梯团由昭通达叙府前进,第二梯团由威、毕入泸、渝前进。其主义则一夹攻赵、端,一准备北伐。先布之川中及已反正诸省咸知之。都督蔡锷乃命谢汝翼为第一梯团长,顾品珍、张开儒、黄毓成副之,率第一梯团各部队,于九月二十四日陆续出发。命李鸿祥为第二梯团长,张子贞、黄毓英、杨发源佐之,率第二梯团各部队,于十月中旬先后开拔。以韩建铎为总司令,刘存厚为参谋,总其成。其时滇军政府中,都督谙兵略,而军务部总长沈汪度、参谋部总长殷承、军政部总长罗佩金,皆晓畅军事,而一时倚以办川事诸人,悉当世才俊。所选士兵,亦皆入伍有年,或曾经教练,能受约束者。而都督复下援川训条五:曰守纪律;曰爱百姓;曰戒贪幸;曰勤操演;曰敦友爱,谆谆告诫之。两军先后领训出,本省政府各界及旅滇川人咸送之郊外,赠军士纪念各物,士气大奋,咸相勖以名誉。而谢、李两梯团长之统兵,亦师出以律,于行军驻军间及战斗间之纪律,并所注意,条件悉严行申儆。以故所部用命,秋毫无犯。第一梯团由滇出发,依行军之规定,取道东、昭。先率步兵三大队、骑兵五中队、炮兵两中队、机关枪四挺,沿途剿匪,安抚商民。中道乃渐增兵,第一次增加步兵一大队,第二次增加步兵一大队、炮兵一中队、机关枪二挺,胥按梯团组织,无少紊,道路称节制之师焉。至第二梯团出发在途,第一梯团已师次叙州,先声动川南矣。两军行异其期,又使分途,两梯团之编成,亦各异其趣。当日之计划,固非抢攘者为也。

十月中旬,援川滇军第一梯团各部队陆续抵叙,韩师长、刘参谋均入川境,而第二梯团又适出滇,滇中复组织第三梯团为北伐军,以唐继尧为司令官,并令姜梅龄办志愿兵队,备北伐之补充。时滇军声势大震,川中民军闻援至,乃大奋励,豪杰竞起。赵尔丰度不能抗,惧,乃交出政权,蜀人推蒲殿俊为正都督,朱庆澜为副都督,旋擒尔丰诛之。而鄂军亦适自资州戕杀端方,相率而东,助重庆独立,举张培爵为都督。川中清军势减,汉帜已树,若无土匪骚扰,滇军至,可不复用武,与蜀军联合一气,东下湘、鄂,规中原,或出川北以救关陕而捣幽燕矣。惟蜀地盗匪麇集,假同志会肆行抢掠,郡邑无大小,争立都督。党分而力薄,政府不能制乱,于是群以联络哥老会为重要政策,公口、大爷诸名目,公然见诸文告。匪类缘之,揭竿而起,称大王、称千岁者时出没草泽。十月十八日,成都兵变,城内外劫掠一空,蒲、朱两都督皆逃,尹昌衡、罗纶代之,尤提倡哥会,直以成都政府为大汉公,复开协汉公。政府既以哥会组成,遂不能不向哥会应酬,自是各树党帜不相下,多以争权夺杀为务,带兵者非有大爷头衔,众不服,又借名同志会,互相指为匪,竞起相攻杀。蜀中光复著绩最伟之赵康时,为哥会所嫉,死于难。时陆军统领叶荃、参谋方声涛等,愤不能忍,电暴成都政府罪,请滇济械,筹练中央民军,代平乱。蔡都督以名义不协,虑启嫌,详电商之,谓"蜀既独立,宜辅助之以戡乱,不宜另自成军与之抗衡。"又曰:"滇军援川,即以助鄂,请与我军联合,一致进行,共维大局。"方往复商榷,期于事有济,而蜀政府为欲逐客军出境,乃阴破坏叶军,使不得行其志。又借口南警,促同志会党联资、荣、嘉一带兵阻滇军,川南因之大糜乱。

滇军既驻叙，匪拥众数万，连结不解，淫掠民间无人理。联长张开儒亟请梯团长谢汝翼发令实行驱逐之。汝翼不欲用兵，先令巡按使陈先沅往与交涉，给遣兵钱八千串，令解散。既给，而啸聚如故。复向其各首领披沥开导，又不听。十一月八日，汝翼自督师击附城一带会匪，而令张开儒率邓泰中大队并机关枪队渡江，攻吊黄楼匪巢，斩匪首统领关联升、罗选青及标统六人，管带十三人。匪众溃散，追击三十余里，即日取消胡棠都督，救出被掳妇女多人还民间，连日恢复全府秩序，叙州遂定，是为滇军入川攻匪之发轫，自是军威益震，蜀人咸知乌合之众，不敌节制之师，自惭其哥会行为，民间有诅蜀军而颂滇军者。时周鸿勋占据自流井及贡井，亦称都督。汝翼复命黄毓成、顾品珍出军攻之，擒鸿勋斩首，逐会匪数万，井地悉定。旋又遣张开儒率一支队往剿犍为、五通各处匪众，平之，并击散南溪屏山一带假同志会，留兵驻守各要隘，盐井保全。而富顺北枕成、资，南接叙、泸，东通重庆，为自流、贡井盐运必经之地。匪首张桂山、涂哲、文质彬等虎踞其间，运道梗，驻富渝军欲逐之，未能也。汝翼复命大队长李修家率步、骑、炮兵及机关枪队，往助渝军，迫令缴械。张桂山所部反抗，遂于二十五日击之，获其首要，余匪悉散。时川南各州县多就抚者，又闻傅华嵩率清军攻雅州甚急，汝翼复命张开儒率队由犍为、五通接出雅州御之。未几，傅降，开儒乃驻兵五通厂，派队游击盗匪。汝翼统军驻叙，先后以蜀状详电滇军政府，并言渝军有秩序，可与共平匪，其政府可为全国所公认，遂令陈副巡按使先沅赴渝议滇川军协约，且示之意，务以谋统一全川军政府为主旨。陈先沅至渝，订草约七条，其文云："一、蜀军政府请托援蜀滇军协力维持大局，驱除民贼。滇军到川之两梯团，关于饷项事件，蜀军政府有提助协任之责。但当运转不周时，得由滇军就地筹借各公款应给，日后统由蜀军政府筹还。并注明饷项每月约银五万两。二、滇军有赞助蜀军政府调和统一全川军政府之责。如蜀军政府有请托滇军赞助事项，滇军须竭全力以应之。三、援蜀滇军之进行方向，概以蜀军政府所请托参酌行之。但方向酌定后，其进行之战术计划，得由滇军相机行动，一面通报蜀军政府。四、援蜀滇军受蜀军政府请托后,滇军进行所过之后路,其各种行政机关,由蜀军政府自行建设。但于滇军之密切关系之地及运输粮草各事,得由滇军直接该地方行政机关筹办,务于滇军进行无所窒碍。五、援蜀滇军所到之地,有为蜀政府维持秩序之责。六、全川大局统一廓清后,即为本条约效力完结之日。七、本条约完结后,或未完结之前,蜀军政府及援蜀滇军,彼此如有他种要求,得另行协议。”汝翼以电滇军政府请裁之,蔡都督电令改第一条为“滇军援蜀饷项,本应自筹,现财政奇绌,只能暂就蜀筹借。将来滇力稍裕,仍应如数归还。”约遂定。渝军政府亦信滇军非抱侵略主义者,而蔡都督复迭电谕滇军务与渝军联络,共戡川乱,以副我军援川本意。凡攻克地方,悉交蜀政府接理,并令整顿盐务,保固饷源,且分济渝军,期与同心协力,谋入陕,以为山西声援,而牵北虏之势。其他蜀军中宗旨正而有纪律者,亦宜与联络,以释猜疑。而长沙谭都督适电请滇、蜀联兵入陕,荆襄招讨使季雨霖亦电告陕西紊乱,山西兵单,蜀密迩秦境,应速率师赴援。汝翼方与渝军新成约,乃集师叙府,并添募游击队三队,以厚兵力,计俟第二梯团长李鸿祥军到,即分道出秦中。筹备甫竣,而鸿祥已率所部步兵四大队、炮兵、机关枪各一大队、马四十骑、卫生队一队,由永宁沿途攻匪入泸州。汝翼派副官李德厚由叙率骑兵往迎之,两梯团自是始会合。

初,鸿祥率援川滇军第二梯团由黔道入川境,至赤水河,土匪猖獗,劫瓢耳井盐课数万,商旅不通。命大队长黄毓英率队攻之,擒其魁那玉丹斩首。旋又击巨匪罗三三于磨泥镇,驱匪党数千人,救出妇女千(十)余口归其家。及抵永宁,永绅密禀旧防营哨弁蓝荣卿为匪,鸿祥遣人侦得状,立派黄毓英率队诱之出城外十里地,三面围剿。荣卿素习战斗,御黄军甚力,黄猛攻之,毙匪百余名,生擒数十,获荣卿。老君营亦有土匪盘踞,掳掠为民害,复命大队长王秉钧出剿,平之,杀其桀者。自是永城内外匪始靖,鸿祥留彭文治率兵两队驻其间,以资保卫,乃谋赴泸。泸政府照会滇军州城无宿营地,请取道江安先援成都,故尼鸿祥军。鸿祥志在扫荡哥会,欲乘势合并蜀诸军政府,又以泸州为入成都必经之地,固请之。而泸州人民适联名上乞救书于滇军,略云:

“自十月五日，川南宣告独立，各地汉流以为今日复汉，正吾侪得志之秋，于是向之沉埋隐匿畏官声而不敢动者，皆发扬蹈厉，明目张胆于市场村落间，千百成群，手刃背枪。始而抢劫，继而掳人勒赎，终而焚毁。土著之民，十室九空；中人之资，西逃东窜。”又云：“川南军府虽在泸州，而执政诸公救民之念轻，争权之念重。刘都督刚断不足，仁柔有余，川南孱弱之区，饷绝兵骄，不足以自存。”又谓：“土匪即地方分局保正、甲长各项执事人员，执事以土匪为护符，土匪以执事为羽翼，彼此狼狈为奸，生民受祸莫白。”鸿祥因是必欲入泸调查其内容，以其详情电滇军政府。得命，遂长驱入泸。中道应纳溪官绅之请，留兵一中队驻纳城，命王秉钧率之，以资镇摄。及抵泸，泸人见滇军军纪严明，土匪渐敛迹，乃分兵解合江之围，及招抚古楼山民团。一面与谢汝翼军筹商归并渝、泸政府，以泸军归渝军节制。时胡景伊亦至泸，遂于泸城定议，取消刘朝望都督，自是川东、南始统于一。援川军第二梯团之设施，以泸为总汇，第一梯团军以叙为总汇，皆与渝军政府互相联络，而南京中央政府亦已成立，孙中山举为临时大总统，援蜀滇军对于蜀之进止机宜，皆电请本省都督及中央政府，得准许而后行之。

元年一月十八日，梯团长李鸿祥自泸州遣马为麟率二大队进攻合江，并以黄毓英协助之。时合江城多存盐，假同志会围之将两月，占地延四五十里，城内营守莫敢出撄其锋者。为麟兵至兴隆场，与匪遇，匪殊死斗，为麟开机关枪轰击之，毙匪千余人，城围始解。滇军驻扎城外，突有川军司令黄方寻衅之事。二十三日，黄方率众由水路入城，多骚扰，民间多言军队抢劫，又不辨为川为滇。为麟、毓英侦知之，立派队弹压，复说黄约束其兵。黄不听，遂追之至河边，代民间索赃物，黄军先开枪击滇军，滇军还击之，毙百余人，黄死军中，余众逃回，任意捏诬滇军。会滇军司令官韩建铎、总参谋刘存厚至资州，拟赴成都商北伐事，韩所带武器，竟被扣留。刘则便服入城，电商尹昌衡，许带兵两队、机关枪二挺晋省。又巡按使郭灿，前在昭通道中受张开儒辱，蔡都督已电责开儒，撤其差，令张子贞代之以谢郭，而郭终因是衔恨滇军，回成都有后(诟)言，自是川、滇交恶。

渝、泸政府既合并，鸿祥欲溯江北上，乃留张联长子贞率步兵第一大队及弹药驻泸，而自率师赴富顺、自流井，筹议北伐，进谋合并成、渝，期以全力监督改造蜀政府，使其组织完善，确保治安，然后出救西北。谢汝翼亦函请韩师长、刘参谋向成都交涉，条陈四大宗旨：一、取消成都哥会政体；二、令同志军缴枪解散，另招新军，编练军队；三、不得排斥外省人；四、统一军政府。两梯团长将约赴资州与胡景伊协议，鸿祥抵富顺，侦者报尹昌衡自成都领大兵出发，资州、阳县军队络绎不绝，荣县亦有一混成协应之，前后共称六十余营，将以自流井为集中地，与滇军开衅。鸿祥闻报，一面调驻泸军队及子弹赴井防御，一面致书尹昌衡、刘存厚，重申滇军援川宗旨，劝勿怀疑贰，汝翼亦驰赴自流井侦察军情。而川军之抵界牌者，竟向界牌外卫兵猛攻，失利窜去。滇军以客军入境，易启猜疑，又虑仗义之师，反致阋墙之诮，力主逊让。而渝都督张培爵急电调停，滇都督屡电滇军，令和平解决，并饬北伐军改道入蜀防其后。旅滇蜀人，电告滇军已公举王哲夫、张佐臣、周问余等回蜀，通滇、蜀两军之声气，务释群疑，复请王人文、胡景伊双方调处。张子贞等愤不能忍，电请蔡都督准许，愿以死力大搏一战，进取成都。蔡力阻之，谓连日接陕、皖告急电，大势甚危，宜以北伐为急，内哄为耻，虽衅由蜀开，我仍按兵不动，务始终顾持大局。诸将悉听命，停兵。未几，成、渝已缔约合并，张培爵被滇、黔代表举为四川副都督，川省渐就统一。韩师长以川滇北伐条约草案寄示援川军，援川军重大仇，轻小忿，事遂寝。

界牌衅端既弭，迭接陆军总长黄兴电，言升允、长庚尚纵兵秦陇，盼滇往讨甚急。陕西都督张凤翙亦以潼关被清兵攻陷，乞援于滇军。于是滇军与蜀军政府仍践前约，联络一志以谋北伐。二月十八日，援蜀滇军总司令官韩建铎、第一梯团长谢汝翼、第二梯团长李鸿祥、自贡支队长张子贞，会蜀军政府北伐团全权大使胡景伊、王绮、邵崇恩于自流井，商订北伐约，列其文八条：一、滇、黔各军组织北伐团分道前进，俟会师中原，认为必要时，临时由各上级官公推总司令官一人，统辖全军。二、滇军北伐所需薪饷，由蜀军政府担任，每月以十万为率。除先筹四个月分于重庆交纳外，此后均按月接济。三、北伐团所设兵站机关，由川军政府组织。其所需弹药、被服、器具、材料、马匹等项，统由兵站机关筹备，输送补充。四、滇军出发日期：甲、自贡支队以旧历正月初五以前出发完讫；乙、五通桥支队以旧历正月十日前出发完讫；丙、随送刘参谋去之成都、简州各军队，于旧历正月初十日出发，到泸州集合；丁、叙、泸军队出发之前日，通告川军。五、滇军援川以后，北伐条约未结以前，在各地筹获之款，由滇军报告滇、川两军政府直接商夺办理。六、滇军援川时在叙府及自流井因一时权宜计，暂行派员代理行政事务，此后由川军政府斟酌办理。七、本条约经双方调印后，即作为有效。从前所订《滇渝条约》及各项草约，一律作废。八、此条约共缮四份，滇、川两军政府各存一份，缔约人各存一份。约成，推张培爵为北伐团总司令，以川军出陕，滇军径出荆襄。汝翼、鸿祥各回叙、泸整军，韩师长电请解职，谋赴宁。刘存厚、郭灿、陈光沅皆以蜀人留籍供职。滇军拟候第三梯团至，即由唐继尧统之，与川军分道出师矣。旋奉中央电，清帝于二月十二日退位，南北统一，袁世凯为中华民国临时大总统，于是北伐军悉停止。蔡都督电商陆军部以滇军充中央卫戍，未成，议合川军共图西藏。尹督以藏事为川中之责，毋劳滇师代庖，遂止。未几，又以津京兵变，将令驰赴北方平乱，未行，而津京乱定，乃电召班师。会贵州匪势猖獗，遵义、大定一带悉糜烂，黔人屡乞援于滇军府甚急，蔡都督既电饬唐继尧以北伐军顺道援黔，继尧定黔乱为黔都督。至是，又命在川滇军分兵往助之，并拨饷数万，以张子贞为支队长，率黄毓英、马为麟所部，向遵义进发。余军由谢、李两梯团长率之，仍分道回滇。李军则留王大队屯扎威、毕，以镇压黔北路，与张支队相犄角，旋事定，班师。

五月五日，援川凯旋，两梯团之师会于嵩明之杨林驿。明日，师抵滇垣，都督以下军、警、官、绅各界，齐郊迎之至承华圃，军容整肃，万众欢腾。随即筹划退伍事宜，军校士兵奖赍有差。兵除外籍沿途遣散外，本籍回滇者五千余人，人给银十元以上，悉退伍，都督下令饬各府州县派代表迎之还乡。是役也，自出师至凯旋，为期六阅月，劳师万余人,费款数十万。综计滇军在蜀筹借饷项,殆当平时协饷一岁之额。虽仅致力于川南二十余州县,然联络川东,沟通江路,与湘、鄂一气相应,赵尔丰闻风丧胆,交出政柄,扫除假同志会,复盐井于土匪之手还之蜀人,统一蜀军政府,傅华嵩倒戈降附,使川西北面清军不得逞志,滇军实有力焉。乃蜀人以一黄方之死,嫌疑莫释,终不直滇军。滇政府自问可告无罪,终亦弗悔,而锐意援黔,佥曰唇齿之邦故。援川军旋滇退伍毕,蔡都督电请中央,以第一梯团长谢汝翼为参谋厅长,第二梯团长李鸿祥为云南陆军第一师师长兼政务厅长。旋调任谢汝翼为云南陆军第二师师长。

援川篇(二)

周钟岳　编纂

第一章　援川军之起因

第一节　四川变乱之概况

川省鼎沸

民国纪元前一年辛亥夏，清政府定议，收川汉、粤汉两铁路归国有，遂大借外债为收股修路费，即以两路为抵押品，两路均定章商办也。国人知路权去，则土地权将随之而亡。于是川人士首发难抗争，护督滇人王人文助之，亦抗疏力争，不获，去任，清以赵尔丰代之。尔丰曾任永宁道及用兵西藏，性暴虐，有“屠伯”称。自是以兵抵任，愈厉行压制手段。咨议局议长蒲殿俊诸人因抗议见拘。清复派端方率湖北陆军入渝以威之，冀达借款收路之目的。人心奋激，殆达极点，始议集全省人民反抗。棒客、土匪,于是蜂起,川中骚然,人民均陷于危险涡中。

川东南方面之扰攘

渝、泸、叙三郡,川东南重镇也。地居扬子江上流,与滇密迩,土匪、棒客比他郡甚。自成都骚动后,乘机起事,假托“同志会”名号,众以数万,所在劫掠绅富,肆意淫虐,几于遍地皆然。民军首领张培爵建义旗于重庆,渝军政府成立,泸政府亦成立,两城民稍安。而地广,民军少,赵、端愈逞荼毒,人民受绝大损害。渝、泸政府分立,不相统一,尚不能遽平川乱也。滇军援川之机,遂兆端于是。

第二节　四川变乱与云南及全局之关系

川滇关系

滇之东面、北面、西北面皆与川邻壤,言形便则以叙州为吭咽,泸、渝为门户,谋滇者恒重视之。滇居川上流,滇乱则川易于受祸,川乱则滇难保无虞。且滇、蜀唇齿,即使滇军多精练将士,防御周密,川即乱,亦不能为滇害。然以邻近亲切之父老昆弟,因抗议争路为各省先,而受赵、端之暴虐,土匪之骚害,较各省独酷,而不使之脱离水火,忍乎?故川中之乱,于滇军道上,有绝大之关系。

全局关系

自武昌义师起,战斗力之中心点注集于鄂,时清军统将荫昌、冯国璋,以全力争之。川居其上游,水程便利,赵、端均拥重兵,复寓书远近，假“忠”、“爱”名词以煽惑号召。若听其沿江东下，或顽据渝、夔，既足掣鄂中义军之肘，复可遏滇省北伐之师，人民亦必愈遭涂炭矣。是川中变乱，实是为此次大局之障碍。

第三节　四川之请援

旅滇及他省旅居川人之涕泣乞师

川乱甚，旧日宦滇及居留滇中之川人郭灿等，以乡里糜烂，奔走呼号，四方告急，罕有应者，遂乞师于滇。滇省光复最先，民国政府尚未成立，以蜀与滇为唇齿，于长江为导源地，不忍坐视，因川人之涕泣请救，援川之机遂动矣。

重庆方面之告急

然客军入境，每所至，见龁，至欲资地主以饷，则挠阻百端。往时，湘军援江西，曾身受之，见于记载。故非其地之政府迫切呼救，仍不能遽往也。时渝军都督张培爵忧之，迭电请援，胡景伊亦自广西电请出师赴急。景伊曾居云南陆军要职，与滇军习。由是赴援之计定，至九月下旬，遂有援川之大举，距初九光复期，仅十余日耳。

第四节　援川之实施

援川宗旨

滇之援川，非勤远略也，亦非虑其出而拒之也，难不若入而促之之易也。其宗旨有三焉：

(一)天府之国，为形势所必争，川乱平，则鄂无牵制；

(二)铁路风潮起，各有次第反正，独川省为赵、端所钳制，转不能独立，应扶助之，俾五族早定共和；

(三)赵、端大肆淫威，政、学、绅、商，死亡枕藉，宜披发缨冠往救。

援川计划

主旨既定，遂筹战备。军队分为一、二两梯团。第一梯团由昭通向叙府前进，第二梯团由威、毕向泸州前进。主义则一夹赵、端，使川民免于酷烈，一准备北伐，使五族早定共和。此滇军入川大目的、大纪念也。

第五节　援川之兵力

概　要

筹备之事就绪，九月杪，滇都督蔡锷命谢汝翼为第一梯团长，顾品珍、张开儒、黄毓成助之，率第一梯团于九月二十六日出发(即纪元前两月阳历十一月十六日)，向昭通、叙府一路进；命李鸿祥为第二梯团长，张子贞、黄毓英、杨发源佐之，率第二梯团于十月二十三日出发，向威、毕、泸州一路进；以韩建铎为总司令，刘存厚为参谋总其成。时，都督深于兵略，沈汪度任军务部总长，殷承任参谋部总长，罗佩金为军政部总长，皆晓畅军事，故倚以办川事者，皆当世才俊，其成功之卓，信非偶然也。分派定，政府即照会川中。

配置出发

当两军之先后出发也，本省政府各界及旅滇川人均于郊外欢送，男女学界尤极诚敬，犒赠军士以纪念物品。士气奋发，无复古昔从军苦之叹，而配置尤号整齐，道路称节制之师焉。举其章制如左：

第一梯团战斗序列：

(先发)步兵三大队　骑兵五中队　炮兵二中队　机关枪四挺　卫生队　弹药队　粮饷队　电信队。

(增加)步兵二大队　炮兵一中队　机关枪二挺。

第二梯团战斗序列：

步兵四大队　炮兵一大队　机关枪一大队　马四十骑　卫生队一中队　弹药队　粮饷队　电信队。

附　　记

一、携带子弹步枪每杆一百五十发，炮每尊五千(十)发，马枪六十发，机关枪每挺四千八百发。

二、第一日共需马二百十三匹，第二日共需马二百九十匹，第三日共需马二百匹。

援川滇军第二梯团携带弹药编配表

队伍	携带弹药数	应需马匹数	大小行李长及纵列队长	护送兵
马队	四千五百发	八匹		护送人员各营
步兵第一营	八万发	一百匹		官长酌量配遣
炮队	炮弹四百发小枪弹	一百零五匹		或派见习员亦可
步队第二、三营	每营八万发	每营一百匹		
司令部及标本部	二千八百发	五十匹		
见习员测绘生		电报生三匹测绘生八匹		
电报生及卫生队		卫生队九匹		
机关枪队	机关枪弹一万九千二百发小枪弹	五十匹	队长 徐正谊 毛惠田	
弹药纵列	炮弹七百八十四发小枪弹二十二万五千发机关枪弹四万另八百发	二百匹	小队长 徐建靖 刘应海	

第二章　援川军之声势及成都独立后之状况

第六节　第一梯团入川后之影响

十月二十六日，援川滇军第一梯团各部队齐抵叙，韩师长、刘参谋均入川境，而第二梯团又适出滇。滇中复组织第三梯团为北伐军，以唐继尧为司令官，并令姜梅龄办志愿兵队，备北伐之补充，且使顺道援川军。时滇军声势大振，川中军民闻援至，乃大奋励，豪杰竞起。赵尔丰度不能抗，惧，遂交出政权。蜀人推蒲殿俊为正都督、朱庆澜为副都督。尔丰逃，旋擒之枭首。于是成都始称独立，而鄂军亦乘势自资州戕杀端方。赵、端之害，一时并去。蜀中各郡，汉旗争立，未始非援川军之先声助之也。

第七节　成都兵变及川南之糜乱

成都政府成立后，假同志会肆行抢掠，蒲、朱两都督力不足以制之，乃以联络哥老会为重要政策。于是"公口"、"大爷"诸名目，公然见诸文告。匪类继之，揭竿而起，各郡邑亦争言独立，称"大王"、称"千岁"者，时出没草泽，遂酿乱。十月十九日，成都兵变，蒲、朱两都督皆逃，尹昌衡、罗纶代之，尤提倡哥老会，直以成都政府为"大汉公"，旋又开"协汉公"，自是各树党帜不相下。带兵者非有"大爷"头衔，众不服,而又借名同志会互指为匪,竟起攻杀。蜀中光复著绩最伟之赵康时为哥会所嫉,死于难。地方绅富,殆无宁日矣。

第八节　叶荃、方声涛与滇政府商救成都之计划

成都大乱时,陆军统领叶荃、参谋方声涛等愤不能忍,电暴成都政府罪状,请滇济械,筹练中央民军,扫荡蜀匪。蔡督以名义不协,虑启嫌,详电商之,谓:"蜀既独立,宜辅助之以戡乱,不宜另自成军,与之抗衡。"又曰:"滇军援蜀,即以助鄂,请与我军联合一致进行,共商大局。"方往复商榷,期于事有济,而蜀政府自惭内容之腐败,必欲逐客军出境,乃阴谋破坏叶军,使不得行其志。又借口南警,促同志会党联资、荣、嘉一带兵,出阻滇军,川南因之益大糜乱。

第三章　第一梯团之作战计划及其实施

第九节　叙州会党之解散

叙蜀同志会党，纯以棒匪棍徒结合而成。当未反正以前，日与清兵争战，固分所宜。及滇军抵叙，汉帜已立，该会党麇集城下，拥众数万，连结不解。俄而抢掠盐斤，俄而拆毁民房，奸污妇女。滇军巡按副使陈先沅与会交涉，约定三日，有军械者编伍，无军械者解散，给与遣兵费钱八千串。既给，而人数转增。经一梯团长谢汝翼向其各首领披沥开导，会党志在多得财货，目的未达，不听也。十一月初八日（即阳历十二月二十六日），汝翼始大加驱匪。会匪虽乌合，实悍党。汝翼自督师击附城一带会匪，而令张开儒率邓泰中大队并机关枪队渡江攻吊黄楼匪巢，斩匪首统领关联升、罗选青及标统六人，管带十三人，擒百数十人。匪众溃散，追击三十余里。即日取消胡棠都督，救出被虏妇女多人还民间，恢复全府秩序，叙州称庆，我援川宗旨遂大表著，前之疑为占领者，恍悟其非。故第一梯团军事以叙为发轫，余悉迎刃而解。

成都之条约

成都虽于前月中反正，其政府概以哥老会部署，故以提倡哥会，排斥外省，横取财货，为独一无二之高尚政策。后渐次淘汰，始稍改观。

汝翼因与蜀都督定立条约:一为协助滇饷;一为委任官吏,由川主政;一官吏关于我军兵站事宜有协赞之任务;一我军进兵地点,须俟川军政府照会办理。

第十节　自流井贡井及犍为诸地土匪之追捕

自贡之战争

威远自流井、贡井均产盐地也,为土匪周鸿钧所占领。汝翼派第一梯团参谋黄毓成、顾品珍率队往剿。初七日,与匪决战,毙匪百余人,鸿钧授首,夺获快、土枪甚夥,余党溃散。

犍为之攻匪

犍为匪势猖獗,五通厂亦有巨匪。汝翼派张开儒第一支队相机剿抚,平之。并击散南溪、屏山一带假同志会。自、贡、犍为诸匪平后,汝翼留兵驻守,代保公安,人民盐务遂得以保全,川中精华乃不致为匪所占据。

第十一节　富顺之攻匪

富顺匪情

富顺北枕成、资,南接叙、泸,东通重庆,为自流井、贡井盐运必经之地。匪首张桂山、涂哲、文质斌等聚众万余,盘踞运道,两井生计,均极恐慌。

攻匪之实施

绅民屡次求援，黄毓成命大队长李修家率步兵二中队、骑兵六小队、炮二门、机关枪一挺，旧历十一月二十五日抵富，绅民欢迎入城，扼扎形势之地。驻富渝军皆新募，无利器，向我军联络，迫令各匪缴械遣散，而张桂山所部极力反抗，遂于是日开首攻击。经四小时，首要皆俘获，余匪遣散，杀俘无多，富顺肃清。

第十二节　援川军愤励之一斑

滇军援川，激于大义，将校皆奋勇直前，而蜀人忌之，反被以不美之名，于是诸将愤甚，咸思增兵，扫平蜀匪。乃由黄联队长毓成详电滇军政府云："我军……至不胜待命之至"云云，蔡督电渝，谓我军宜急图北伐，川事以和平了结为宜。且屡嘱滇军联合渝军，勿使生嫌。于是诸将听命，对于蜀事进止机宜，多与重庆军政府商之。

第十三节滇军之进行及滇渝联络

叙府定后，川南各州县多就抚者。又闻傅华嵩率清军攻雅州甚急，势将进逼成都。汝翼复命张开儒率队由犍为、五通接出雅州助剿。未几，傅降，仍命开儒驻兵五通厂，随时派队击盗匪，而自统兵驻叙，先后以蜀状详电滇军政府，并言渝军有秩序，可与共平匪，其政府可为全国所公认。遂令陈副巡按使先沅赴渝，议滇、川军协约，且示之意，务以谋统一全川军政府为主旨。先沅至渝，订草约七条。其文云：

一、蜀军政府请托援蜀滇军协力维持大局，驱除民贼。滇军到川之两梯团，对于饷项事件，蜀军政府有提助协任之责。但当转运不周时，得由滇军就地筹借各公款应给，日后统由蜀军政府筹还，并注明饷项每月约银五万两。

二、滇军有赞助蜀军政府调和统一全川军政府之责。如蜀军政府有请托滇军赞助事项,滇军须竭全力以应之。

三、援蜀滇军之进行方向,概以蜀军政府所请托参酌行之。但方向酌定后,其进行之战术计划,得由滇军相机行动,一面通报蜀军政府。

四、援蜀滇军受蜀军政府请托后,滇军进行所过之后路,其各种行政机关由蜀军政府自行建设。但于滇军之密切关系之地,及运输粮草各事,得由滇军直接该地方行政机关筹办,务于滇军进行毫无窒碍。

五、援蜀滇军所到之地,有为蜀军政府维持秩序之责。

六、全川大局统一廓清后,即为条约效力完结之日。

七、本条约效力完结后或未完结之前,蜀军政府及援蜀滇军彼此如有他种要求,得另行协议。

右约既经双方承认,汝翼以电滇军政府请裁之。蔡都督电令改第一条为:“滇军援蜀饷项,本应自筹,现财政奇绌,只能暂就蜀筹借。将来滇力稍裕,仍应如数归还。”虑贻人口实,将以为利也。汝翼依蔡令改之,乃以渝签约。于是渝军政府亦信滇军非抱侵略主义者。而蔡都督复电滇军,务与渝军合力共戡川乱,以副我军出援本意。凡攻克地方,悉交蜀政府接理。并令整顿盐务,保持饷源,且分济渝军,期与同心协力谋入陕,以为山西声援,而牵北虏之势。其他蜀军中,宗旨正而有纪律者,亦宜与联络,以释川人之疑。是时,长沙谭都督电请滇、蜀联兵入陕,而荆襄招讨使季雨霖亦电告陕西紊乱,山西兵单,蜀密迩秦境,应速赴援。汝翼与渝军新成约,乃集师叙府,并添募游击队三队,以厚兵力,计俟第二梯团到,即分道出秦中矣。

第四章　第二梯团之作战计划及其实施

第十四节　沿途土匪之剿办及解散

贵州道中

第二梯团于十月二十六日自云南省城行，十一月一日（即阳历十二月二十日）抵炎方铺。五日，抵靖头铺，地狭，无宿营地。午后十一时许，风雨交作，山水涌至，军士立泥淖中，终夕无一怨者。次日，接叙电，第一梯团已于前月二十六日抵叙府城，先声已及于川南矣。

赤水河者，滇、黔入川孔道也，与瓢耳井接。土匪猖獗，商旅不通，盐课被劫数万，杀商民十余人，鸿祥派营长黄毓英（后谥武毅）率队捕获，擒其渠那玉丹斩之。分县王某亦巨匪，先逃。（十一月十九日）

四川道中

罗三三亦川边巨匪，常拥众二三千人，挟枪炮谋劫磨泥镇，讯弁不能制，全镇惊恐。毓英至，侦知匪啸聚五里箐村内，乃往攻之。一鼓擒其桀黠者，并获枪炮数十件，查出妇女十余口。讯明，斩罗三三于市，枪炮交团，妇女归其家属，胁从取保释放，磨泥欢然。自入黔境至此，居民因畏匪，半居山洞，至是始敢安居。

第十五节　永宁之攻匪及进兵泸州之概要

蓝荣卿股匪之擒斩

二十日,我军抵永宁,邑绅诣营密禀旧防营哨弁蓝荣卿为匪情况,与探报同。鸿祥派黄毓英击之,蓝匪闻大军至,先拥众出城后方向,列队二圣宫外。城内居民丛聚,非攻战地,黄军暂屯隐蔽处,俟其至旷野,始率队尾追,及于距永城十里之古寺,因三面兜围之。群匪开枪迎战,其锋甚锐。盖巡防旧队,素习战斗,与土匪之乌合者不同,人数又多于我军,以三面被围,欲觅出路,故斗益急。相持久,我军一面开枪,一面逼近,匪不支,毙百余名,生擒八十余名,蓝荣卿就擒。是役也,滇军未伤一人,获匪交永宁军政府讯办,永城遂定。

老君营之攻战

老君营者,距永城十余里,土匪盘踞其地,奸淫掳掠,大为民害。先是据探报后,鸿祥即命第三营长王秉钧率队往攻。我军初至,路径歧,难辨认。觅乡导,始引至其处,闻炮声隆然,知为匪巢,乃分兵由两路进,一取大路以捣其前,一取小路以攻其后,该匪只防备大路,小路不为备,以曲径险僻,他人无知者。及我军进村,前后夹击,匪出不意,大惊失措。未及一小时,生擒七十余名,村外匪欲逃,又为我军自大路来者击毙六七十名,仅漏网十余名,夺获枪械刀叉甚多,搜出妇女十余人,老君营平。

善后之布置

蓝荣卿诸匪获后，鸿祥集永城官绅及盐局委员会讯得实，官绅及旁听人指攻老君营所擒各匪尤力，遂一一正法，妇女各交家属认领。川中土匪棒客，以抢掠妇女为目的，无良地方官以惩治之，大军去后，故态复萌，人民难安枕矣。因出示先警戒之，并留彭文治率兵两中队驻永，以资保卫。

进兵泸州之概要

永宁之事大定，将赴泸州。泸政府以州城无宿营地，照会滇军，请取道江安，先援成都，以尼其至泸。盖其政府多以哥老会组织，恐受虐之民诉于我军，至干涉其苛暴也。滇军赴援成都，泸为必经之道，因以理譬喻之，多方交涉，并将详情电告滇都督府，遂率队于一月十六日入泸。

纳溪土匪之滋扰及搜捕

纳溪土匪肆行抢劫，适城内运到盐五百余张，愈垂涎思逞，泸政府未遑顾。鸿祥中道应纳溪官绅之请，命王秉钧率兵两队驻扎纳城，以资震慑，并随时搜捕土匪。而第一梯团长谢汝翼适派副官李德厚由叙率骑兵来迎，抵泸城后，泸人见滇军纪律森严，始知非抱侵略主义，嫌疑略释。

滇军驻泸，土匪渐敛迹，乃分兵解合江之围，及招抚古楼山民团。鸿祥复亲赴富顺、自流井，筹议北伐，归并渝、泸政府，皆于泸城定议。胡景伊(后为川民政长)亦至泸，语见后篇。

时二月十五日夜，泸东城外之六河街大火，延烧二千余家。滇军派人四面防护弹压,居民谓非滇军保护,受害当更烈云。泸城人民上书吁留,并条陈泸州治匪情形者甚多,鸿祥均以温词答之,并迭次以顺逆祸害布告晓谕,民间感情甚爱戴矣。故第二梯团军之设施,皆以泸为总汇。

第十六节　合江解围之详情

合江城池之受围

合江居泸州下,与黔之仁怀厅接界,假同志会匪数百人,占地近五十里,围县城将两月,蹂躏不堪。本处营守尚虚与周旋,不能敌也。城内存盐款三十余万两,假同志会必欲得而甘心,故攻击极烈。城内尚多防营,县司令得兵士心,坚守以待外援。匪又于城外拉生抢掠,惨状不一而足。鸿祥命步队第二营长马为麟领所部进攻,以黄毓英协同攻击,同解合江之围。

攻击之实施

元年一月十八日,即阴历十一月三十日,马为麟步队至兴隆场外七八里,与匪遇。匪踞土坡后,颇得地势,旗帜极多,枪弹雨集,炮弹继之,汹涌如潮,向我军殊死斗。乃令机关枪开放数分钟轰击之,匪知势不敌,四散奔溃,始下停放令。计击毙匪徒一千余人,夺获枪械千余件,我军遂获全胜,军士无一受伤者。此役,以数百新到之师,战数千久据之匪,只数小时而城围解。论者谓用兵之精,古未尝有也。余匪投诚,合江平。

巡防川军之举动

合江围解，滇军驻扎城外。一月二十三日，突有川军司令黄方率队由水路入城，人民惊惶。明日，天甫明，巡防军大掠城中，背负包囊、箱笼而行。民间皆言军队抢劫，不辨为川为滇也。为麟、毓英探知，主派兵弹压，复请黄约束，黄置不理，向询亦不晤。因派队追至河边，代民间呼索赃物。巡防军开枪轰击滇军，伤数人。滇军迫于自卫，回枪拒之，遂毙百余人，生擒数十人，黄方亦死军中。始将所弃枪械、箱笼各件收回城中悬挂，认领讫，枪械交其司令收存，合城欢庆。而巡防营逃回之兵，任意捏诬，川军之恶感遂日深一日矣。

第十七节　两梯团合并泸渝政府及成渝政府之关系

成都军政府成立后，各郡邑尚与军府分立，即泸、渝亦政令各出，不能相谋，事难统一。时泸都督刘朝望向各界辞职，意甚决。成都军府派但怒刚至泸为司令，胡景伊亦至，商合并策。景伊欲先谋北伐，再并渝、泸。鸿祥、汝翼主张泸、渝合并，川中统一，然后会师北伐，方无后路虞，后卒好其议。旋又举张培爵为四川副都督，渝、成将合并，四川逐渐统一。

第十八节　界牌之防御及寻衅之解决

客军入境，感情难洽，不独川军对于滇军然也。而川军自黄方纵掠击毙后，疑议愈滋。二月二十日，探报蜀都督尹昌衡领兵出发，弹药甚多。先是资州、阳县军队络绎不绝，荣县亦有一混成协应之活动，前后共称六十余营,将以自流井为集中地,威吓滇军撤回。鸿祥先抵富顺,应胡景伊资州协议北伐之约,闻报,调驻泸军队及子弹三分之一赴自流井防御。谢汝翼亦驰赴自流井,侦察军情。川军前队之抵界牌者,向牌外卫兵猛攻。鸿祥与昌衡,留日本同学也,刘存厚亦因事在成都,乃致书两人,重申滇军入川宗旨,语言谦让,大义凛然。而渝都督张培爵力电调停,滇都督屡以和平解决为嘱,界牌衅端遂弭。

第五章　军事上各种关系

第十九节　滇都督训条

一曰守纪律。夫乌合之众，决不乱节制之师。所以能为节制之师者，明纪律也。吾滇军悉已在营三年，凡应守之军纪、风纪，闻之已熟，在营在途，原无异致。所虑者，中有新兵掺杂，纪律未娴，教育日浅，遂发生不文明之举动，贻人口实，为全体羞。须知名誉两字，千万人保之不及，一二人坏之有余。凡我精练之兵，或驻或行，均负维持之责。设有一二不肖之辈，乱我法度，逾越范围，轻则互相劝箴，重则禀官究办，决不使一人之污点，害我同群。庶几名震全球，威行遐迩。此所切望于诸君者一也。

一曰爱百姓。军人者，百姓化身也，入伍则为军人，退伍则仍百姓。倘在伍之时不能保民，退伍之后焉能责人保我？况军人出征，苟无百姓援助，不惟失其动作能力，而处境亦危。粮食、草料、运输、向导、侦察，何一非资吾百姓？古有箪食壶浆以迎王师者，惟军人之能爱百姓，故百姓亦以其所爱者爱之。试观汉口之士，我军转弱为强，百姓欢声震动，非互相关爱之明效大验乎？此所切望于诸君者二也。

一曰戒贪幸。竞争之心不可无，贪功之心不可有，冒险之心不可缺，侥幸之心不可存。此四语，我军人须谨记不忘也。况川、滇不啻一家，此行原为保种，苟非万不得已，开战之事务须减少，杀人之心尤不可存。本乎仁义，出以哀矜，以存人道。自武昌反正以来，环球列国俱赞我军,不绝于口,以其不妄杀一人也。同种相残,功且不可居,贪于何有?此戒贪之说也。蜀道之难,人所共知,稍一不慎,即陷于危。诸葛用兵,一生谨慎,犹且不免偶疏。我军处境,须常存敬慎不败之心,毋作侥幸图功之想,此所切望于诸君者三也。

一曰勤操演。精神愈用愈出,技艺日练日精,戒满戒盈,古有明训。诸君虽入伍三年,有官长之督率,指挥进退,自不逾乎准则。惟学问之道,本无穷期,况军事日新,苟非勤于操练,则昔之所学者,不免随得随失;今所未知者,尤属愈离愈远。跋涉长途,固不能从事操练;倘有余暇,切勿稍图安逸,致将所学抛荒。军人之事业方长,铁血战事未已。此所切望于诸君者四也。

一曰敦友爱。积千万不相识之人,教育与同,甘苦与共,患难相顾,手足相亲,人生何幸而得此?在无意识之人,每因小岔(忿)微嫌,动生怨望。若诸君皆自教育中来,同袍同泽,应明斯义。况以战事之激烈,尤非一手一足之力所能奏功,自宜友爱同群,推诚相与,同以保种保国为目的,庶能前仆后起,万众一心。语云:“师克在和不在众。”惟其能和,而后能爱。此所切望于诸君者五也。

一曰讲卫生。本都督切望于诸君之事,已于前五条尽之。然尤有最后一条告诸君者,以诸君之远涉遐方,日形劳顿,枕戈待旦,露宿风餐,一旦不慎,最易发生疠疾。诸君诸君!须知我辈既为军人,其责任匪轻,其关系极重。国家之建设,人民之治安,何莫非军人是赖?在战时之督策,固以一死为荣;而平时之护持,则以卫生为第一要义。盖必有健康之身体,而后能树伟大之事业。必有活泼之精神,而后能收美满之功。缔造方新,前程远大,愿诸君自保勿负。谆谆是为训。

第二十节　两梯团之纪律及其注意条件

行军间之纪律

一、各官佐士兵一律严守军纪，保持秩序，勿失严整。

一、各士兵苟无长官命令，不得擅离队伍及任意行止。

一、各士兵在队伍中，不得任意解脱衣帽及高声谈笑。

一、队伍若经过城镇村庄，尤须整齐严肃，不得东张西望、偶语嘻笑，以损军严。

一、于出发前，须早为准备。不得临时迟滞，以误限期。

一、大小休息，须遵所定时限，不得借故拖延。

一、须保持所定行军长径及速度，以节疲劳，而合机宜。

一、先头队伍尤须保守速度，不可遽止急进，以妨后方队伍秩序。

一、士兵若有病患，须报告长官许可，始能离队。

一、军械军需保护尽致，不得任意抛放及污染损失等弊。

一、途中休息，不得任意离开地点或散放他处及乱入人家。

行军间之注意

一、出发以前，各官佐须留意部下之新靴新鞋及鞍具等，究竟合适与否？并可令其预为试用。以免临时着用，多受鞍伤之弊。

一、各官佐须注意所部之军械、被服、装具、蹄铁等物，若遇有损失、浸湿、生锈等事，须设法迅速整理，并查看人马之靴伤、鞍伤及四肢有无疾病，以防减损之弊。

一、途中若遇雨雪寒冻后，不可遽近火热，且戒饮用火酒。

一、出发前须将水壶注满，于途中节制饮用。不许任意取饮路间箐沟溪河之水，致生病患。

一、休息时，不可躺卧湿地及坐靠阴冷处所。

一、选择休息地，必以宽阔干燥及清洁高朗者为合宜。

一、休息场所，必指定大小便之地点，勿许任意便溺，有妨卫生。

一、途中不可滥食村市间所卖之零杂饮食，有碍卫生。

驻军间之纪律

一、队伍到达时，各官佐、士兵须按舍营司令所分配之地域驻扎，不得扰乱错杂，有干军纪。

一、熄灯后，不得任意点火、谈话、吃烟等。

一、不得擅自出队或私入民房。若有不得已之事件，必得舍营司令官之允许，方准外出。

一、口角斗殴，最宜严禁。且言谈之间，尤须低声，免伤风纪，而失体统。

一、赌博及一切非为之事，尤宜严禁。

一、购买须要公平，不得依势估压人民。纵有不合之处，须报告长官，听候理论，不得妄与人自争斗。

一、口令宜记忆确实，有问即答。遇有疑怪之人，可拿获送交官长，听候处置。但不得任意开枪，致惊扰他人之休息。

驻军间之注意

一、到达之初，不可急就饮食及睡卧。

一、大小便须认定厕所，不可任意乱行，致害卫生。

一、饮水若不能确定为良者，须待用消毒法或澄水法后，方可饮用。

一、不可乱饮凉水。

一、背包、水壶及一切物件,宜随时收拾妥当,以免临时寻找,或致拉乱失落等弊。

一、有不合宜之靴鞋等物,须迅速整理更换,以免受伤。

一、各士兵到达后,即须检查有无靴伤、鞍伤及四肢之疾病否。若有发现者,须及时医治之。此事各长官尤宜代为注意。

一、选择宿营地方,须清洁干燥并无传染等症之处。

一、由宿营地出发时,须注意将火灭尽,以防不虞。

一、夜间突闻紧急号音,须各自整备,静待命令,不可妄事喧哗或妄开枪炮,致自相误伤。若遇敌人突入,不得已时,可协同棚内兵士共御之。

战斗间之纪律

一、长官须要沉稳指挥,万不可举动仓皇,而阻部下之勇气。

一、长官须身先士卒,为部下之表率。

一、指挥须要确实,切不可妄发口令,而失信于部下。

一、射击时,各士卒须知子弹为战用命脉,不可任意浪费,静听指挥官之口令。

一、民间房屋,各士兵不可任意焚毁。倘为敌人之隐蔽地,或不利于我射击时,亦必须听指挥官之命令,方准毁坏。

一、散兵进退时,各士兵须要听指挥官之口令,不可自行进退,以乱军心。

一、见赤十字会中人,切不可开枪击之。倘有敌兵借该会掩护前进时,方准射击。

一、指挥官发口令后,各士兵即依命而行,切不可有悖指挥官之意旨。

战斗间之注意

一、各长官须常注意与邻队联络,并须协同一致,进退相依。

一、各士兵须常留意指挥官之口令。及利用地物时,勿妨害他人之射击,并严守射击军纪为要。

一、各士兵须节省子弹,总思先时妄费一子弹,即后时少杀一敌人,此念须常存心中为要。

一、快放慢放,须依口令而行,不可张皇乱行,致失指挥之效力。

一、倘遇有利之目标,指挥官尚未发口令时,各士兵可以独断开枪。但此外均不为例。

一、指挥官不幸遇损伤时,凡为该官职次级资深者,须猛勇代理之。

一、遇伤不能放枪者,须将自带子弹交付邻兵,自己忍疼支持,不可作哀怜状态,以失军人气度。

以上所列条件,各官长于余暇时,即集合部下讲解教授。无论行军驻军,有暇即行三令五申,总使心领神会,永记不忘,则获益无穷矣。然所列者,不过择要举例,其余细目详件,尚未完善。各长官须将平日心得,按照本旨热心补助讲说。胜负攸关,皆在此念之转移。忧者常胜,骄者常败,诸君共勉之。

第二十一节　饷需及其筹集

滇省自辛亥九月、十月分道出师,凡八阅月凯旋,用兵费四十余万。其中暂就蜀筹借者,由协饷扣除。浮余之数,又订条约由滇分期筹还,余则皆滇省自筹。滇固瘠省,犹竭全力以救邻封,岂可谓之图利哉?

旧例,云南岁运京铜,供清政府鼓铸用。光复前,清滇督已将应解铜斤，派员运至泸州，泸，京铜转运局所在也。值反正，未起解，清委员沈某坚护之，铜幸未失。第二梯团抵泸后，编修曾应焘知其祥，告于团长，派员清获，计铜六十八万余斤，始运鄂发售，每万斤值洋二百八十九元，计合银二万两左右。转运局房屋亦收归滇，岁入因之增一大宗矣。

第二十二节　驻军川东之兵谋

辨侵略主义之诬

自行省之制创于元，各省率划疆自守，不容他省之代为谋。否则，异议蜂起，谓其侵略。滇省援川时，兵精器利，贤能为用，本具有侵略川、黔，雄踞西南之资格与能力，川中疑之也固宜。特滇以邻患大局为前提，不肯为之。且共和国之主权，在全国人民，虽侵略而得，将焉用哉？滇政府知之稔矣。滇军抵川南时，或疑其不直捣成都，不知赵、端之在成、渝，歼之也顺而较易；赵、端若挟成、渝之众，弃川不顾，顺江而下，沿路号召其徒党，与荫昌、冯国璋汉口、汉阳之军成犄角之势，以攻武昌，歼之也逆而遂难。滇军之趋川东南，盖意在以川军两路夹攻也。而赵、端率以此失败，鄂遂无西顾忧，非谓上兵伐谋者耶？

第二十三节　川滇交际之详情

四川对于滇军之态度

泸都督照会文曰:“据探报,贵军援川,业已行抵永宁,不胜欢迎。惟据川东军政府报称:‘武汉战争未已,大局危迫。袁世凯图攻山、陕。山西虽已独立,兵力甚单,陕西内部尤紊。山、陕如有动摇,则川、滇、黔大局难保’等语。查泸、渝兵力尚可自保,成都自十月十八日兵变后,内乱方棘,根本未固。贵队远道来援,请先赴成都,平靖内乱,再行会师入陕,共歼清军。贵军深明大义,必肯先其所急。泸城狭隘,现已屯驻军队数标。若贵军取道泸城,恐难觅宿营之地,请由永宁取道江安,再由富顺直抵成都至陕,以维大局。且于贵军行军,亦较妥便。”

王人文、胡景伊照会文曰:“此次民军起义,汉族历史,顿增光荣。贵军仗义,远道援川,辅助邻省恢复,高义侠肠,尤深钦佩。人文,滇人也,桑梓之情尤笃。仰见吾省兵力有余,能暇及于邻省,鼓舞欢欣之情,非言可喻。顷闻同志军诸人于贵军援川之意,未加深察,传闻误会,过于疑惑,遂与贵军稍有冲突,小生恶感。又闻泸州与贵军忽有失和之事,人文、景伊闻之,极为忧念。昨接陕西火急警告,称袁贼乘南省议和之际,发清兵数镇,挟大炮数十门,猛攻我军。太原失守,潼关危急,秦军屡败,势且不支。满虏长庚,又由甘肃侵扰邠、长、永、乾各处,汉中又为甘回马安良占据。秦省腹背受敌,西北大局,岌岌可危。民国基础,不免摇动。当此北虏未灭,大局危殆之际,凡属汉族同胞,自应协力同心,各奋忠勇,并起杀贼。况滇、蜀唇齿,安危相共,同处漏舟,俱系汉族。同志会及泸州办事诸公,或因误会,果有开罪贵军之处,务望大度包容,勿与计较。即有嫌疑细忿,怀恨难释,亦望顾全大局,捐弃小怨,推群力以立功,合各省同胞以仇敌。万不可缓视大局,忽于私斗。彼此同胞，互相残杀，忍令异族猖獗，坐视不顾。驶室内操戈之戒，酿祸起萧墙之忧，授他人可乘之隙，坏民国已成之局。招讪千古，贻笑外人。现成、渝两军府彼此特派两全权大使磋商联合统一问题，昨已解决，定立合同，两川军政，已归统一。秦事既吃紧如此，此时亟应联合滇、黔、蜀三省，刻日出师北伐。人文、景伊现受蜀政府照请，特赴叙、泸、富顺各处，解释同志会及泸州与贵军之嫌疑，不日即当晋谒贵军，联合北伐，随即赴成都共商北伐之事，已定即日起程。务望贵军顾念大局，定计北伐，以期早日扫荡虏氛，底定民国，勿任感盼。”

川东人民对于滇军之态度及其感情

泸州全体人民乞救书曰：“泸州受土匪之祸久矣！自十月五日，川南宣告独立，各地汉流，以为今日之复汉，正吾侪得志之秋。于是向之沉埋隐匿，畏官声而不敢动者，皆发扬蹈厉，明目张胆，于场市村落间，千百成群，手刃背枪，始而抢劫，继而拉牵，终而焚毁。土著之民，十室九空；中人之资，西逃东窜。自吾观之，匪徒虽众，可分为二：一、有限额土匪，国民团练各项军官是；一、无定额土匪，同志会是。此二者之得志，则地方官之劣绅为之也。地方劣绅，凡分局、保正、甲长各项充当公事人员，或以分肥而纵贼，或以畏祸而容奸，匝月兼旬，坐酿弥天大祸，蔓延溃烂，骎骎不可收拾矣。蚩蚩者氓，银钱被其搂劫，房屋被其火焚，妇女被其奸淫，老弱被其捉搕。父子少团聚之期，夫妇无室家之乐，兄弟不相见，亲戚不相闻。农人不敢尽力于田畴，商贾不敢交通于市缠。悬之高梁者醉以酒精，扃诸暗室者绝其饮食，全家被没，不敢上闻，九族皆诛，无由具控。种种惨状，言之痛心，咄咄逼人，望而堕泪。是向之专制，专制于长官；今之专制，专制于土匪。专制于长官者，民气有伸张之日；专制于土匪者，暗世无一线之光。吾泸自民(明)季以来，聚族于斯，二百余年矣。虽张、李之乱，影响于民间者，其祸未至若斯之酷。嗟夫，麾下！伤心惨目，宁复逾此？向者，吾乡民见军府令下,一则曰:‘土匪速散,否则大军随其后也!’再则曰:‘土匪速散,否则大军随其后也!’吾辈受土匪之祸,盼望大军,迁延两月,卒无一来乡里者,而土匪之祸益横。古所谓‘白昼攫金’者,其猖獗尚不至此。然犹幸贵军之援川也,翘首云天,馨香时祝,盖谓贵军早莅一日,即早脱一日之祸。传闻所及,时曰‘莅叙府矣’;时曰‘莅南溪矣’;时曰‘莅永宁矣’。计道里之远近,料贲临之早迟,瞻跂旌旗,无任忾慕。比邻吾泸,则莫不欣然色喜,以为久望而不至者,今倏至焉。叙、南、永之出水火而登衽席者,此福将不远矣。数日以来,贵军则南定合江矣。顾合围虽解,而围合土匪散埋于泸州南部,隐隐与土著者相合,其势力逐日益扩,视前日尤倍蓰焉。是所以救合江者,乃所以祸泸州十镇也。麾下殆未闻此惨状乎?抑必待糜烂已深,出而平之,功业始著乎?辗转思维,莫知所向。麾下设身处地试思,此旬月间,吾民之所身受为何如?想亦救世者所心悯也!夫麾下援川宗旨,岂不曰‘除暴安良’乎?吾民之望麾下,亦岂不曰‘除暴安良’乎?暴不除,良不安,吾辈良民诚不堪土匪之暴无已时也!今每念叙、南、永、合,吾泸未免向隅,何也?川南军府虽在泸州,而执政诸公救民之念轻,揽权之念重,合江地居肘腋,被围两月,不发一兵,生民荼毒,麾下可即合江而推测者也。虽然,匪之祸合江者聚而易见,匪之祸吾泸者散而难明。麾下勿谓吾泸无匪也,目之所击,半属匪徒,善人少而恶人多,特无从辨别耳。麾下未悉民情,或不免以预言为过,略探舆论,当不以预言为欺也。方今墨学孽乱,天演乘除,十八行省联为一家,四亿同胞视为昆季。况我滇、蜀,声援密迩,唇齿相依,昔在先朝,久敦睦谊。盐银协饷,吾川之负担,吾泸实居其一。麾下!麾下!吾泸之渴望久矣。何可稍分畛域,视吾泸受祸,如秦、越人之视肥瘠而莫不相关耶?乃者,此间军府黄贼已正刑诛,六部仅余傀儡,刘都督刚断不足,仁柔有余,特此虚名,略孚人望。区区之意所渴望于麾下者,非为一身计,为全泸计;非为全泸计,为全川计也。抑非独为全川计,为中华十八省计也。满奴之狂氛未靖,汉人之团结虽坚,祸首西川,敌临南楚,撑天立地,尚乏英雄,乘势弄权,尽同狗鼠。而且军府鼎立,见议沙场,未成统一之观,先兆争竞之局。

仆窃谓诸人过矣！然成都离乱之余，民穷财匮；川南孱弱之国，饷绝兵骄；而皆不足以自存。惟川东饷足兵精，一筹差胜，而率师西向，志在并吞，识者知其无能为也。嗟夫！同舟遇风，吴、越犹应共患；共和立国，贵贱皆为平等。贵军趋向，咸在指挥。若能肃清泸匪，拯此燃眉，然后东抵蜀，北捣成都，不发一弹，全川可定。再率川中军民团练，联袂北征。留精兵若干，永镇泸州，如自流井之故事。龙骧虎步，蹈籍中原，直抵黄龙，行将同麾下疼饮耳。若内地未靖，先勤远略，吾恐外交未了，内讧先生。将北伐满奴，而南部之邻于英、法者已归人掌握。此不独为吾蜀之忧，亦麾下所当引为深戒者也。窃谓整顿中国自四川始，整顿四川自川南始，整顿川南自泸州始。某等，泸人也。鼠目寸光，难责千寻之视。然寸心所运，大局攸关，十乡村镇，万望一行。某等学陋才疏，羁留家邸，迂拘自惴，难补高深，造次通书，为民请命。略拟肃清泸匪办法，片纸进呈。如允可行，当与麾下面晰之耳。

计开肃清泸匪大略办法：

匪首即系地方分局、保正、甲长各项执事人员。盖执事人员为土匪护符，土匪为执事羽翼，彼此狼狈为奸，生民受祸莫白，其公正者先行受祸矣。土匪即系团练、国民军、各堂汉流暨前日罪犯。今日欲图肃清，当从此下手。泸州四十八场，祈派队官率军分驻，限二日内部齐，即于各场预传分局、保正、甲长各执事人员，令将手办国民军、团练，按册查点，迨出场外操演，全行枪毙；一面将执事人扣留，悬牌招告。被告者正法，未被告者责以担保日后无匪。盖同时举事，则音耗难通；迨出棚门，则无辜远祸；责成执事，则日后不敢容奸；悬牌招告，则匪徒无从隐匿。”

滇省及滇军迭次之宣告

滇都督致京大总统、武昌黎副总统及各都督电文曰：“滇军援蜀，原系救灾恤邻，并欲为武汉巩固根基，保护西南屏蔽。军队所至，父老欢迎。不意土匪未遂劫掠之图,造谣诬众,谓滇军侵略蜀地,以致成、渝两军政府皆起猜疑。近闻成都发兵至资州一带,欲与滇军开衅。恐滇人兴仗义之师,反贻萧墙之语。迭经电饬军中将领,和平办理,勿启衅端。然非成、渝共释疑团,恐难双方解决。乞电成都都督,顾全大局,勿生内讧,滇、蜀幸甚!"

梯团长李鸿祥致尹昌衡函曰:"满虏不道,武汉倡义,各省响应。赵、端以酷虐残刻手段,苦我同胞,薄海同仇,天人共愤。敝军政府以川、滇唇齿,疼痒相关,披发往救,义所应尔。盖川重庆军政府及旅滇各界川人,均效包胥之哭,西南一家,断难坐视。是以九月二十六,简率师乘,由谢君汝翼同学,率师先驱。鸿祥亦于十月下浣,领兵出发,以为后盾。逮师入川境,东南各地已纷纷反正,实堪庆幸。而邮电梗塞,蓉城消息,无由悉知。因进驻永宁,休我军马。得悉足下平定内乱,举川反正,因即肃函道贺,一话旧雨。而许久未蒙赐复,不识已否鉴览?嗣即进至泸阳,与泸城联络,妥商北伐事宜,当已粗有头绪矣。但自敝军甫入川境,查各地之冒称同志会者,半皆窃此美名,以遂其攫取财货之欲望,麇集川境,动以万计。不能不略示武力,俾急解散,所以使良民得所,各安职业,实与援川宗旨并无纤毫差谬。其外谢幼臣、黄斐章叙州、两井之行动,亦经大多数人之请求,未尝轻于用武,足下当未察其底蕴也。日前道路纷传,佥谓尊处将发重兵与滇军为难,无据之言,本不足信。故日前在泸敦促胡文澜君急返蓉城,妥与足下筹商北伐,并以解释谣喙。因迩者,潼关三失,秦患方深,汉阳屡危,长江难保。满洲之余孽不尽,中国实有莫大隐忧。鸿祥惓念大局,忧愤无既。因即溯沱而上,以赴文澜资州集议之约。不谓昨抵富顺,据两井报告,谓尊处之兵,已将我界牌外卫兵猛攻逐回,且续发重兵,欲开战衅。闻报之余,不胜诧异。敝军驻兵两井,不过任保护之责,以威伏莽而已。川军如欲任保护,正可遣一介之使,先为布达,则敝军朝出,川军夕入,夫奚不可?胡为同胞相残,招讪千古,贻天下笑?况目前满虏未灭,两军之弹药无几,似宜深知爱惜,留之以射虏首,此万世之功也。若乃纳罔极之谗言,开阋墙之衅隙,不但贻笑天下,且实冒大不韪。忝与足下抵足扶桑者数寒暑，据足下此举，觉昨是而今非，鸿祥诚百思而不得其解也。目下滇、川战事，其动止惟听尊命。滇之兵，本所以敌赵屠者，未始不可敌足下，但为君赋《棠棣》之诗，何防以御外侮为先事耶？”

李鸿祥致胡文澜函文曰：“泸州备承教益，敬佩无已。成、渝合并一事，关系西南全局，非蜀中一隅之祸福也。自台旌返蓉，即延颈举踵以盼好音，遂函谢幼臣同学溯沱江而上，以践前约。不谓昨抵富顺，迭得两井报告，成都不日发大兵，将与滇军以兵戎相见。事出意表，殊堪诧异。前与先生约，本以实行合并成、渝政府，并收回资、嘉一带之兵，然后滇、川集议，以图北伐。目下秦中危局，岌岌可虑，且有袁贼举兵入川之说，而蓉城举动，似未尝顾及大局。鸿祥千思百索，卒莫得解。愿先生居间斡旋，为全川造无量幸福。不然，滇军非怯于战者也，不过赵、端已诛，川中再不可有第二次之战事耳。”

李鸿祥致刘积之函文曰：“滇、川交涉重任，皆倚重台端。日久未获大示，不识已有端倪否？前日文澜先生到泸，已将北伐计划大致规定，约弟攀谢幼臣到资集议。兹于昨日溯江而上，已抵富顺，即接黄斐章报告，成都发重兵向自流井方面前来，并将界牌外卫兵猛攻逐回，幼臣已于本日驰往自流井侦探情形。此事殊出意外，不识台端如何陈明贵军政府，致有此番动作？目下大局未定，而自相残杀，其不贻天下笑也几希？系铃解铃，责在足下。务望妥为补救，以弭兵端，不但两省之庆，亦抑大局之福。设贵政府必出于战，敝军只有勉承大命而已。所携去之兵两连及机关枪二挺，可令严守中立，留为北伐之用，足下当亦表同情也。鸿祥环顾大局，忧念殊深，川、滇如开衅端，不但川中糜烂，而西南大势去矣！足下亦虑及此焉否耶？”

第六章　北伐条约之缔结及滇军之计划

滇川北伐条约之详情

川军界牌衅端既弥，连接中央陆军总长黄兴电，略言升允、长庚尚纵兵秦、陇，盼滇往讨甚急。陕西都督张凤翙亦以潼关为清兵所攻陷，盼援甚切。二月十八日，遂订滇、川会师北伐之约于自流井。条约如左：

一、川、滇、黔各军组织北伐团，分道前进。俟会师中原，认为必要时，临时由各上级官公推总司令官一人，统辖全军。

二、滇军北伐三个梯团所需薪饷，由蜀军政府担任，每月十万为率，除先筹四个月分于重庆交纳外，此后均按月接济。

三、北伐团应设兵站机关，由蜀军政府组织。其所需弹药、被服、器具、材料、马匹等项，统由兵站机关筹备输送补充。

四、滇军出发日期：

（甲）自贡支队以旧历正月初五日以前出发完讫。

（乙）五通桥支队以旧历正月初十日以前出发完讫。

（丙）成都、简州队伍（随送刘参谋去者）以旧历正月初十日出发到泸州集合。

（丁）叙、泸军队出发之前一日通告蜀军。

五、滇援川以后、北伐条约未结以前，在各地筹用之款，由滇军报告滇、蜀两军政府，由两军政府直接商酌办理。

六、滇军援蜀时，在叙府、自流井两处因一时权宜之计，暂行派员代理之行政事务，此后由蜀军政府酌量办理。

七、本草约经两方调印以后，即作为有效。从前所订滇、渝条约及各草约一律作废。

八、本条约共缮四份，滇、蜀两军政府各存一份，缔结双方各存一份。

援蜀滇军总司令官　　韩建铎
第一梯团长　　谢汝翼
第二梯团长　　李鸿祥
自贡支队长　　黄毓成
蜀军政府北伐团全权大使　　王绮昌
胡文澜
邵崇恩

第二十五节　南北统一及北伐军之停止

接各省电："清宣统帝于民国元年二月十二日退位，南北统一。"

又接胡景伊电文曰："前经协议会师北伐，现迭奉中央政府电谕：'清帝退位，民国统一，北伐自应取消。奉天抗不遵命，经袁世凯派重兵往攻，黑、吉两省都督蓝天蔚提师夹攻，指日可下。长江以南各省已到之北伐军，亦无用武之地。'援救陕西，敝省一力担任，陆续出师，已电告中央及各省矣。所有酬待贵军，迭经敝军府电达，计邀钧览，不再赘陈。惟川、滇唇齿，我辈当协力维持，既无北伐一事，亦不止互相辅助，以巩固我民国西南半壁。兹由敝军政府特派军医监王君芷唐为慰务专使，微日启行，一切情形，统俟面陈。幼臣、筱斋、斐章诸兄，均乞致意。弟胡景伊谨叩。支、印。"

第七章　由川援黔之概要

第二十六节黔省变乱之概况

变乱之内容

北伐军停止后，滇军初议援陕，又因津京兵变，将驰赴北方平乱，尚未首途。时贵州匪势甚张，蔓延全省。匪首黄泽霖虽被杀，而张百麟复往大定一带别立军府，苛派苗民。苗民激变，遂占黄平，遵义、大定一带尤糜烂。

土匪之滋扰及黔都督之请援

黔乱甚，滇都督电饬在川滇军往援。先是唐继尧（后为黔都督）率师北伐，并顺道援黔。入黔后，父老皆牛酒犒劳，泣涕请救，遂入定省城。

时溃兵串同土匪在遵义啸聚抢劫，电请滇军由川赴援，我军遂不遑休息矣。

第二十七节援黔之整备及其设施，军队之配置计划

援黔第一梯团编组如左：

援黔本军

步兵第一团第三营

步兵第二团第二营

骑兵二十骑

炮兵第二营（欠第一连）

机关枪六挺

卫生兵一连（欠十五名）

援黔遵义支队

支队长张子贞

步兵第一团第一、二营

骑兵二十骑

炮兵第一连

机关枪两挺

卫生兵十五名

滇军配置就绪，由川起程。军民攀辕请留，情意殷殷。入黔境后，欢迎者愈多。（威定（宁）、大定土匪皆以之平）。

第八章　军事上之人物及其设置

第二十八节　滇军之人物及其事实

(原文缺)

第二十九节　运输通讯给养卫生

粮秣为行军要素,陆军尤需注意,故运输尚焉。滇、川接壤,皆山国,夙多以马驮负运,行军称便。视东北、西北各省之需骆驼及车运之艰难者,情事不同矣。故此次皆以马匹运输。

电报为交通机关,土匪逞后,川、黔境之威宁、赤水、永宁一带电线被砍断者,常百余里,消息阻碍。滇军请于滇军府,越界往修,泸、渝电线始通。

中国往时用兵,动称因粮于敌,其实则取之被兵之人民耳。滇军赴川给养,皆先命地方官吏照市值储备,无分毫派之民间。绅民之备牛酒欢迓者,两梯团长皆逊谢至再,必不得已,始令军士勉受焉。故川、黔境内人民往往颂滇军厚德云。

将兵之道,战时以拼死为前提,平时则以卫生为最要。盖病者少,然后战士多也。滇军卫生队讲求有素,于饮水一切,均详细规定,故平时、战时,士兵均无甚损折。只刘镇藩在永城中,为川军暗害,并先因劫物，害递文报之兵士数人云。故凯旋时，省中人士咸称异焉。

第三十节 两梯团之凯旋

援川军自阴历去年秋冬出发，雨雪载途，益以蜀道之难，劳苦万状，涉川历黔，建立殊勋。于五月初五日，两梯团之师适会于嵩明境之杨林驿。次日，整旆起行。初六日，抵云南省城。都督率属远迎于东城之聚奎楼，各界皆分地齐集迎迓。至承华圃，由都督演说奖慰。霍骠所言"去时笳鼓喧，归来儿童竞"，不能过也。

第三十一节 赏勋退伍及裁并之办法

援军返滇后，筹划退伍一切事宜。先令各部队考查士兵战功、品行及服务远近，核明自愿退伍、自愿留队及入巡警三种，分别发给适任证书、善行证书、感状、功牌、勋章、退伍执照。又给退伍奖金，上士十五元，中士十四元，下士十三元，上等兵十二元，一等兵十一元，二等兵十元。计两梯团第一次旋军约退五千余人。各府、州、县均各派代表欢迎军人还乡，余另详援黔事略。

七、援黔篇

郭燮熙　编纂　蔡锷　审订

援黔军,即滇之北伐军。北伐军编定于辛亥十月,当是时,汉阳失守,民军不利,南北议和,迁延未决。识者虑北清复振,谓非联合各民军,大举北伐,不足以谋统一而巩大局。于是长江以南各省,咸组织北伐军。滇僻处天末,界连缅、越,而光复后,曾出师援川,用促川省独立。复以清廷尚在,后患滋深,都督蔡锷召集将领,议以援川之师,循江东下,自宜昌登陆,进规襄阳,出潼关、武胜关之后,截击清军,俾不得逞志陕、鄂,然后结沿江之师,直捣燕庭。编定北伐军四千,命唐继尧为司令,取道泸州,与援川滇军合,迳赴中原。适黔省反正后,执政如张百麟、黄泽霖、赵德全,滥引匪类,盘踞要津,政权匪势,混而为一。张、黄自充龙头,党羽鸱张,为害日烈。然皆拥重兵,黔民固无如何也。黔中耆老,爰举代表戴戡,会同旅滇黔人代表周沆,乞便道移师入黔,代清匪乱。锷以北伐为重,又以事涉嫌疑,不允所请。黔代表再三吁恳,谓滇、黔唇齿,黔乱,滇难独安,即湘、蜀亦受其影响。锷乃命唐继尧率师入黔,事定,当移师北伐。

民国元年一月二十七日,滇都督蔡锷暨北伐司令官唐继尧,誓师承华圃。二十八日,支队长庾恩旸率师首途。二十九日,继尧率北伐军本队出发,先后送者数千人,旗帜大书"不平胡虏,请勿生还"八字。临时省议会、女子爱国协会,均以纪念白巾赠军人。二月五日,军次平彝,奉锷电,谓"蜀氛未清,陕势颇危,我军应改道入蜀,会合援川军,先平蜀乱,即援陕北伐,于大局关系甚巨。且探悉黔省党竞剧烈,我军一到,冲突立生,即代戡平,而收束匪易。审时度势,应暂置黔事,并力赴川"云云。同时黔代表戴戡、周沆亦奉电,谓"此间黔人刘荣勋、钟元黄上书,谓滇军助一二人之党争,将戕七百万人之生命。浮言固不足恤,然黔军政府既生疑忌,将来到黔,难免冲突。我军既多树敌,黔省又重罹殃,已饬唐司令改道入蜀"云云。戡与沆复电,指"钟、刘乃张、黄朋友,新自泸来,或不熟悉内容,故为危词耸听。其滇军入黔,已通讯预备欢迎,设中途作罢,则贵阳与谋诸人,必遭残害,株连良善,势所必至,元气正气,丧失殆尽。是滇军不发,黔祸或缓须臾;滇军改道,黔害立见糜烂。至虑剿黔敌,所敌者仅少数匪魁,吾黔驯良父老子弟,有感激，无猜忌，可以断言。现唐司令迭据前队入黔报告，深悉黔民疾苦，热心赴援，忽受改道命令，仍决策北伐，置黔事不问。但又念成约所在，无从反汗。且黔不定，无以平川固滇，故取道安顺，听候进止。”又谓“戡、沆对于黔局，只有是非，无恩怨，此心可矢天日”云。于是锷复致电继尧，谓“军情瞬变，不能执一。现接泸州电，蜀军数万，在自流井北界牌，与滇军开衅，而皖则三河失守，寿、亳均危。陕则灵关、潼关失守，西安亦危。自应先其所急，力顾大局。惟闻二月十五夜，贵阳黄泽霖扣饷肥私，为部众所杀，张百麟遁安顺，黔人乞北伐军往助。可酌拨队伍，代定黔事。余军仍须入蜀，以应援蜀之急，并速北伐之师。”当是时，北伐前军，已深入黔，继尧亦决意由安顺出重庆，以会合援川军。二十三日，军次安顺，官绅郊迎道旁，观者延长四五里，滇军整肃入城，居民惊喜。驻军二日，拿获匪徒数名正法，人心快甚。继尧以闻清帝退位，民国成立，全军欢慰，大局既定，本军计划，自应相机而行。拟先平黔乱，再由遵义出重庆。北急，则联诸军以伐北；北定，则并全力以援川。北、川俱定，则经营西藏，以尽云南军队任务。电滇军府请示，得报云：“滇、川事已和平解决。且和平既成，战事自熄，计划当稍变更。已电令与蜀协商，经营藏卫。至黔事糜烂，迭经绅耆乞援，自难坐视。希即督所部，戡定黔乱为要，毋庸改道入川也。”二十五日，继尧率师而东。

二月二十七日，滇军抵黔，至头桥，距城可三四里许，即有一部分军队及耆老会来迎。耆老会者，乃黔省士绅，大都硕望耆年，因睹黔省糜烂，而思有以补救者也。滇军以黔垣为会匪盘踞，不欲入城，本部驻螺丝山，各队分扎照壁山、东山、观风台、九华宫等处。连日黔代表同耆老会诣司令部会商，不承认赵都督德全，要求唐司令为黔省临时都督，代剿防、绿各营会匪，情词恳切。乃先由耆老会函告赵督，晓以利害，劝令辞职，并保全其生命财产。赵不听，谓黔民倚仗滇军，敢于怀贰，转纠蓝鑫、叶占标等，准备袭击，定期三月五日烧抢黔省。黔绅耆及黔军将刘显世、胡锦棠两军，佥谋先发制人。三月二日，我军各部队奉密令备战。次日拂晓，观风台炮队开炮击南厂，步兵第一大队四面包围。第二大队攻头桥,第三大队攻黔灵山。干部大队、骑兵队、机关枪队随司令部,在螺丝山高阜,预备应援。刘显世领新军围攻都督府,胡锦棠领团防军监守各城及街市,我军一部分攻执法部。午前十时,南厂兵匪多伤亡,余匪四五百名皆降。执法部兵匪伏不出,乃调观风台炮队,自城头开炮击之,始降。正午,城内肃清,黔灵山、头桥两处兵匪,颇顽强抵抗,复调炮队攻之,亦降。赵、叶、蓝皆逃,军队投诚者无数。特会黔绅诛首恶数十人,余罔治。午后七时,一律肃清。黔民大悦,悬旗志庆,商民争以肴酒饷军,酬之钱,不受,有感激泣下者。是役也,我军战死一人,伤六人。参谋长韩凤楼率步兵第三大队驻城震慑,余归原宿营地。是晚,黔代表同耆老会复诣司令部,会商善后事宜。初四日,改组军政府,公恳唐司令继尧为黔军都督。

黔军政府既改建,唐都督继尧通电南京暨各省。同日,黔省绅、商、军、学界郭重光、刘显世、华之鸿、任可澄等电滇军府,表示谢忱。锷复电,谓"唐司令器识恢宏,声望素著,滇中反正,厥功最伟。此次北伐,志在荡平胡虏,早定中原,适黔局不靖,屡经绅耆电请救援,复于沿途吁恳。滇、黔唇齿,不忍坐视,乃允为戡乱,解此倒悬。至任黔都督一职,本非唐君初志。惟黔局甫定,喘息未安,不能不勉徇群情,暂资震慑。一俟全境安堵,仍望将唐君还我。所冀诸公赞助,早复治安,不独黔省之幸。黔饷维艰,不敷散发,滇军驻黔饷糈,此间当源源量力筹济。滇省医疮剜肉,万难情形,亦诸君所同鉴。现于无可如何之中,筹措五万金汇解"云。滇之视黔,不分畛域矣。

黔,山国也,夙贫苦。复经赵、黄等僛扰,公私赤立,财力尤窘。微邻省协济,几难自给。昔在满清咸、同间,湘军尝援黔矣,而王壬秋氏撰《湘军志》,其《援贵州篇》,至谓湘独受其祸,盖言糜饷劳师也。今滇之援黔,何独不然?自北伐军出发,以至平黔,已糜饷甚巨,又源源接济之,黔事赖以维持。然黔省财政既绌,吏治尤窳败,各界之匪,几遍黔中,隐患方兴未已。继尧以为非有绝大武力,痛加狝薙,万难澈底澄清,拯同胞于水火。顾现在兵力,颇形单薄,不敷分布,因请滇军府饬令援川军第二梯团,顺道入黔,代清积匪,使贵州重见天日。谓此固人道主义所应尔，亦不负援黔之初心。此次分兵，乞令分三路：一由綦江达遵义；一由赤水经黔西，抵安顺；一由毕节迳赴盘州回滇。遵义、大定一带，得此雄师，不难戡定。锷韪之，谓我军甫靖黔乱，不能不增加援军，以为后盾。因饬旅长李鸿祥率支队入黔，剿遵义一路匪乱。时鸿祥军驻泸州，联长黄毓成、张子贞驻重庆，奉滇军府令，还师援黔。鸿祥率王炳钧趋大定，并檄张、黄两军，克日起行。张联长率黄毓英、马为麟进军遵义、铜仁等处。四月八日，继尧复请调滇省东路游击军刘法坤赴黔助剿。盖是时黔垣及上游各处，秩序已就恢复，惟下游一带，匪势大张，而讹言因之以起。

初，黔乱平后，张匪百麟逃至粤，其党有张泽均者逃至湘，沿途鼓动，遍播流言。于是旅居外省黔人，不悉黔省真相者，多附和之。武昌黎副总统亦有电至滇，谓宜严肃军纪，免召不韪。继尧爰将会匪乱黔真相十二端，通电宣告。同时黔人周沆、戴戡、刘春霖、郭重光、刘显世暨绅、商、学界，亦谓“黔自反正后，张、黄、赵、蓝、叶诸匪，涂炭全省，爰请命滇军府，代平祸乱。黔局粗定，即拟遄行。黔人以匪党根蒂已深，非滇军留黔，难资震慑。又以和议已成，无须北伐，公恳唐司令任黔都督。前后二十日，治乱迥殊，商旅四通，妇孺欢忭，黔人感激，有同再造。乃昨见川督通电，有滇军借名援陕，冀图经过成都，乘机夺取，如占领贵阳情事云云，阅之骇异。夫滇、黔同是中国领土，即同是中国人民，既非列国战争，何得辄言占领？黔省当张、黄肆虐时，糜烂已极，使滇军府稍存畛域，黔事必不可收拾。岂惟牵动西南，实将贻误大局。凡此苦衷，应为直省所共谅。而川督通告，似不免妄用猜疑。黔人虽至愚闇，宁肯自取覆亡？况中央已定统一之局，各省必无分立之理，救灾恤邻，自是通谊。倘必深闭固拒，酖毒自甘，则是盗入其室，而拒乡邻之救援，非惟不情，抑亦不智。且滇军驻黔，所有粮糈，概由滇支给，滇何利而为此，当可不辨自明。又据侦探报告，谓川省公口亦盛行，故黔中溃兵散匪，大半逃往川边。则滇军占领贵阳之说，必出于匪徒捏造，川督不察，遂致误听。窃维中国必当统一，一发或动全身，诚不宜如列国纷争，妄生猜忌。事关大局，缄默难安，用特通电缕陈。”时元年四月七日也,十日,前都督杨荩臣自武昌来电,谓已得孙大总统拨饷助械,加给委任状,促令归黔。全省震动,佥谓杨若回黔,黔必无幸,通电阻之。荩臣乃复以黔人名义,捏词宣布滇军罪状。黔人通电驳之,谓其诋斥滇军,全乖事实。

五月十日,中央袁大总统正式委任唐继尧为黔都督。次日,由省议会及耆老、商、学各界,举行庆祝。初,继尧定乱后,重违父老之请,因留督黔,嗣省议会成立,复有请给委任状之举。继尧方与各界志士,力谋进行。不图川督煽惑,谓出侵略,匪党含沙,尤事污蔑,滇军劳师縻饷,而竟蒙此恶声,用是电中央政府,转饬全黔人民,勿再挽留,俾得振旅还滇。时滇军府亦特电国务院,谓黔事渐平,滇军援黔义务已尽,且劳师久戍,饷糈万难久持,拟将滇军撤还,请大总统派员主持黔事。然是时,黔人全体已将黔乱始末,及滇军状况,一再电请中央任唐继尧为黔都督,并饬杨毋庸回黔,免致争个人私利,蹂躏数百万生灵,大总统因正式委任焉。乃杨荩臣抗不奉命,所部席正铭等复捏词宣布滇军罪状,在滇军仍决意还滇,以避嫌疑。而在黔人,则群情愤激,由议会议决,一面泣恳唐都督勿以小嫌萌退志,一面公推绅耆刘春霖为全黔代表,驻师铜镇,安置杨部黔军。

自陈开钊等扰乱下游一带,黔民苦之。继尧以刘联长法坤为东路巡按使,黄联长毓成为东路游击总司令。法坤克夏铜仁,杨部席正铭复纳陈开钊为先锋,率匪万人来攻扑。激战多次,黄、刘两军,悉力击毙陈匪,席正铭败走,江口、松桃,以次收复。黔军周旅长桑儒单骑入铜仁,与黄联长接洽,遂率师还滇。下游底定,兼借援川军回滇之便,取道黔中,代廓清各处积匪,黔省平。所可悼者,黄大队长毓英师还,次于师南,遭伏匪逸出,狙击以死,毓英别有传。铜仁之役,副官尹盛德、参谋张开甲、朱中尉光藻并战死。署松桃厅李有崧,城陷遇害,死尤惨。故或谓滇军之援黔也,既縻我巨饷,复歼我壮士,时贤犹或訾之。然滇军府初以北伐为重,迨南北议和成,乃援黔以救定西南大局,当世讥评,非所计矣。

八、西征篇

赵式铭　编纂

第一章　西征之原起

第一节　滇藏之关系

西藏地分三部：曰康，即四川打箭炉外巴塘、察木多之地，是为前藏；曰卫，即布达拉及大昭寺，本吐蕃达牙之所，今达赖居之，是为中藏；曰藏，即札什伦布，本拉藏所治，今班禅居之，是为后藏。中国之于西藏，历代皆以羁縻之术官其酋长，至清雍正间，始设驻藏大臣，收前藏东、西之巴塘、里塘归四川，设宣抚土司治之，其中甸、维西隶云南，设二厅治之。前藏之地，东自四川打箭炉起，西至丹达山止，计三千余里，南与云南之维西、中甸两厅接壤，实滇中之咽喉，固不仅为藩篱门户而已。光绪三十二年，设川滇边务大臣，命赵尔丰充之，择驻适中之巴塘，应需经费，必商川、滇两督。盖前藏之险，川与滇实共之。前藏危，川将不保，而滇首受其祸，故曰前藏者，滇中之咽喉矣。且不独关系川、滇也，西藏地处高原，对于四方皆有建瓴之势。迩者，外人狡焉，思启封疆，嗾使藏人夜郎自大。若西藏亡，中国随之，又岂仅与川、滇辅车相依哉？

第二节　西藏之警耗

中华民国元年春间，藏兵逼察木多，以窥川界，滇都督蔡锷电商川都督尹昌衡共筹办法，川督报以藏事川自当独任其难。时滇军在川，方遭疑忌，故将军队撤回，不复与闻藏事。是年四月，滇督得印度陆兴祺致川督电云："达赖迫驻藏汉兵缴械出境，诡谋自立，拉萨被围，杀汉人无算，官兵逃入印度。"五月，得巴塘顾占文函云："定乡逆番，聚守要隘，害我川、滇商旅。当派兵往剿，而匪焰甚炽，结连藏番不下万人，且多快炮，我兵粮弹告罄，水道断绝，溃围而出，全队返巴。现定乡既失，牵动各区，盐井闹厘，道途被困，里塘抗粮，纷纷告警。边务关系川滇，贵治毗连乡境，且为商家必经要道，若不早为肃清，川、滇受害匪浅。乞贵都督大力维持，早示良策。"同时得靖西同知马师周由印度致函川督云："后藏江亚已失，拉萨危在旦夕，务恳火速救援。"而陆兴祺复由印致川电称："藏人军械足用，又获我大宗军火，今调集大兵，盘踞拉萨，日夜操练，已成劲敌。可否咨滇军兜援"等语。告警之书，急于星火，滇中于是惶然矣。

第三节　滇都督两次之入告及中央之命令

四月三十日，滇督历陈藏事，奉电："已令川督筹办，该督亦应随时确探情形，密为筹备。"五月初六日，滇督复据各方警耗，据以入告，末谓"藏卫西藩，关系大局，一有破裂，则川、滇有唇亡之虞。现藏事危急至此，不能不早为之图。惟滇军早经撤回，未便复出，且悬军数千里，滇力难胜，况前经川省见拒，派兵又必生疑。坐视危疆，焦急万状，请迅为筹处，以救危机。"而川督亦电称"藏境危急，已派军西进，请饬滇督迅拨劲旅，联合进藏。"大总统始命滇督简将出师，并勖以捐弃前嫌，力顾大局。

第四节　滇都督对于藏事之筹划

五月二十九日，滇督复电陈藏事云："藏事日危，未敢坐视，此事关系国防，亟应通盘筹计，早定成算。滇兵入藏，向有两路：一取道宁远、雅州，转入巴塘；一取道中甸经阿墩子由巴塘入藏。两路皆苦绕越，而后一路沿途荒瘠，行军尤极困难。且川既派兵，若滇与会师巴塘，既苦后时，又嫌枝指。锷意宜分途并进，川循巴塘大道而西，滇则特辟新路，由维西、茶硁、马必立之间出口，经珞瑜野人地方，向西北作一直线，以拉萨为目的点，期于必达而后已。此路辟出，滇、藏间之交通，略可省千数里，而国防上尤有莫大之益。盖滇、缅界务，自尖高山以北，英已自由行动，前岁侵占我小江以南片马等地，今小江以北之浪粟又见告矣。骎骎北进，恐五年后席卷怒求夷，直捣巴、里塘，不惟藏危，而川亦危。今趁彼力难骤入，以此路预占地步，则将来国界在怒求夷、珞瑜地方，勿论如何伸缩，而巴、里塘、前藏犹为内地。近筹藏事，远顾界务，此为最要胜着。惟事属特创，缒幽凿险，用力实多。先之以侦探队，继之以工程队，然后大队节节前进，约计兵力至少须有一混成协，始可敷用。兵行时，饷糈、军械亟须筹备，而后路之架电线，办兵站，移民招商，布置内政，尤属必不可少。统计各项费用，就第一年而论，似非二百万金不可。滇财艰窘，力难胜此，事关全局，应请设法筹拨，俾便成行。至川军在藏与滇军如何明定权限，亦并分划示遵。"六月十八日，奉大总统令："滇、藏唇齿相依，来电所陈，尤征力顾大局。惟三路内，除取道宁、雅至巴塘一路，绕越过多，毋庸置疑外；其拟由维西出口，取道珞瑜野人迳至拉萨一路，则工艰费巨，非急切所能济事。只可渐次经营，为将来自固地步。惟中甸北至巴塘一路，不过千余里，且有可以通车之处，现议救藏之急，仍以取此路为最宜。川省现亦由巴塘进兵，两省军队，似不可无大员统率，应由该两省协商迅速进援，以免贻误。"已而又命滇军先援巴塘，以固滇边门户。

第五节　滇军西征之先声

先是五月间，稻城已陷，里塘、河口，相继告急。川督尹昌衡愿率师西征，先遣支队一标出发，尹督亲率大军续进。而我中甸厅同知冯舜生亦电陈："乡城叛蛮屡探驻甸兵多少，贡格岭失守，稻城继陷。现乡蛮往攻里塘，倘再破，则巴塘喉梗，川信阻，蛮焰张，难保不回犯中甸。请准孙统领添募一营。事至谋兵，恐不及。并请转电成都速援巴、里，巴守则甸祸稍缓"等语。滇督以藏事糜烂如此，若坐视不理，西藏必非我有。于是先遣一探险队出发，探查珞瑜野人一路，暨自中甸取道阿墩子、擦瓦龙、达洛、隆宗一带，并电湖南都督请拨劲旅来滇，协平藏乱，并请协助饷械，以固国防。

第二章　西征之军规划

第一节　殷司令之出征

六月，滇都督蔡锷简参谋厅总长殷承为西征司令官，先遣探险队前行，承率一支队继之。统计饷糈驮运各费，每月约需银四万五六千两，饬财政司先拨发二十万两，后再筹济。师出之日，都督及各厅、司长、各校男女学生皆欢送郊外，军容甚备。初，大总统命滇军先援巴塘，再救藏急。滇督虑滇、川同趋一路，粮秣艰难，复上疏曰："援巴之师，敢不惟命。然愚虑所及，尚待熟商者数端：一、滇军北趋巴塘转察木多，绕越太多，蹈兵家疲远之忌；二、滇、川同趋一路，重兵云集，粮秣转运，供难给求；三、援川之役，疑谤滋多，川军人众，或不能悉捐芥蒂。长途逼处，易滋误会；四、巴塘近在川边，川督率师出关。不难指日烫平，无俟重烦滇力。至擦瓦龙一路，路虽较捷，相去究亦无多，且向无台站，番族中梗，转饷尤艰，步步为营，费更无算。一交冬令，则大雪封山，无路可入。故以上两路，均不宜于滇军。前电所陈由维西出口，经珞瑜野人地方直抵拉萨，工费虽巨，计实中肯。以后藏乱之平，若主力悉在川军，则此路可以缓议；倘必愿滇军与闻藏事，则滇军即不能不由此路入手。盖由维西出口，经珞瑜地方，向西北进至亚巴尔，即入藏境。溯雅鲁藏布江而上，转西北至甲穆达，与川藏大道汇合，计程当省千数百里，其利一。中经怒求、珞瑜野人地方，气候较温，出产亦富，间有平原，可资屯垦，其利二。此路凿通，则滇犄其南，川捣其东，首尾策应,形势都归掌握,其利三。早占地步,使将来国界,远在怒求、路瑜野人之间,不致近逼川西、前藏,其利四。不宁惟是,吾国之于西藏,向取羁縻主义,虽由于不勤远略,而亦地势悬绝,有以限之。以后强邻日逼,若仍虚与委蛇,不为之所,西藏庸可保乎?故实力经营,刻不少缓。其从入之路,东北由青海,北由新疆,两路皆苦不易,惟东由四川为正道。然前清边务大臣糜款千万,穷数年之力,其范围仍不出巴、里塘一带,察木多尚不与焉,此亦由于荒寒穹远之故。若滇藏间之便道凿成,省程途,因地利,勤屯垦,储军实,一气衔接,西藏经营,可得而言矣。”疏入,不报。而川督来电亦谓“滇军由中甸取道波密、工布,直趋拉萨,较巴塘路捷二十余站。川军已由打箭炉出关,十七站即抵巴塘。边地粮秣难购,彼此兵分两路,免致乌拉等项掣肘”等语。与滇中所议正同,故令殷司令迳赴中甸,以规进取。

八月初十,西征军至大理。殷司令电言:“丽江方面电线,虽经电局架至中甸,现阿墩为本军兵站末地,由中至阿,递送匪易。请电中央交通部,并迳饬滇局迅速架设,以便作战。”十二日,川委员张世杰军退至阿墩,川督电请我军接济,免致哗溃。时西征军尚在途,滇督电饬丽江府守熊廷权预为接济,俟殷司令到再为拨济,并令维西、永北、鹤庆、剑川四属丞倅、州牧,将西征粮米竭力筹备,源源输送,违者即以贻误戎机论罪。四属骚然。

第二节　西征军之分配

西征军之在途也,维西协李学诗电言:“有教员罗文光等自南墩逃至阿墩,面述江卡被蛮攻陷,委员段鹏瑞被获,防军四棚全军阵亡。南墩距江卡百二十里,该处僧番相继为叛。三坝、稻城皆失守,巴塘、盐井异常惊恐,而盐井教士丁司铎率教民二十余人到墩所述乱情亦同;并云盐井番僧欲与江卡叛蛮并扑盐井,井兵仅数十人,恐难抵敌。并闻距巴塘百余里之凌康喜一带,蛮人与匪联合,众约数千,在大所地方盘踞，风声甚大。”滇督令李学诗先拨防军一营迅赴阿墩堵剿，并将法商、教士，护送出境。未几，贡觉亦陷，委员单镜脱险至阿墩求援。军府以鞭长莫及，电川督派兵飞援贡觉。此七月下旬、八月上旬间事矣。八月十九日，殷司令全军抵丽江，分军为两纵队前进：以郑开文为左纵队长，率步兵四大队、骑兵一分队、炮兵、机关枪各一小队，而以贾子绶为步兵大队长，谢琨山为步兵中队长，白正洸为机关枪中队长，□□□为炮兵小队长。李学诗领西防国民军，是为左纵队，取维西大道，直趋盐井。以姜梅龄为右纵队长，率步兵三中队、骑兵一分队、炮兵、机关枪各一小队，而以华封歌为步兵大队长，杨承禄为步兵中队长，陈天贵为炮兵中队长，华封治为机关枪小队长。杨汝盛领西防国民军，是为右纵队，取中甸大道，直趋乡城。司令本部及残余各队暂驻丽江。

第三节　川督第一次电阻滇军

殷司令正拟续进，滇督忽接川督电称：“蜀军先遣支队已抵里塘，现正围攻，不日可下，并分兵巴塘、昌都，首尾夹击，川边千里，迎刃可解。顷得殷司令电，拟由维西入巴塘，边关瘠苦，人所共知，蜀军需用杂物糇粮，已极困难，若增兵，危险万状，祈速电阻。”并电殷司令亦谓“川军已抵沙口，里塘指日可复，无庸滇军入巴，请取他道入藏”。滇督乃改令暂驻阿墩，再行相机进止，殷司令电言：“前年中央令，责成滇军入巴，以救边危。本军惟有遵大总统令，执行滇军之任务。查乡城、盐井虽系川边，实为滇中门户，我军入巴、入藏，在所必争。然名义既属川辖，滇军据之，蜀岂甘心？否则不惟于我军作战不利，且何以应中央命令？此次藏乱，关系民国大局，西藏乱之能否敉平，则惟滇、川能否协同是视。现彼我军队业已前进，若不早为之所，奚以杜将来纷争？请军府电商大总统先事规定，饬两军遵守。凡川、滇占领地方，即各布置民政，不得两有纷争。俟藏事大定，一听中央处分，庶可收川、滇协同之效。”滇督报以“我军暂驻阿墩，昨已电达中央，如藏非蜀力能平，自当前往援助，所得地方，仍应交还川军。至布置民政一层，非滇力所能担任，仍照前议办理。”别电大总统，文曰：“前以滇军入藏，取道巴塘，绕越太多，且川、滇同趋一路，亦恐粮秣难供，故拟经由珞瑜，别辟新路。嗣奉电饬拨劲旅联合进藏，又因番氛日恶，巴、里垂危，且闻分窜阿墩，近逼中甸，可饬殷司令改道先援巴塘。兹川督电称川军围攻里塘，不日可下，速阻滇军前进。想川督成算在胸，藏乱不难戡定，已饬殷司令进驻阿墩，以固门户。如果藏乱大定，不必前赴巴塘。”盖滇督知川人嫌疑未释，雅不欲重增恶感矣。

第四节　滇军溜筒江之捷

溜筒者，古之绳渡也。因江水险恶，不可舟楫，故植两柱于江两岸，以巨笮其中，俯仰其两端，刳木瓦覆之，谓之溜筒。渡者手握溜筒两腋，约以绳，溜至江心，始蠕蠕攀援而过。《西域传》所谓“度索寻橦”，《后汉书》所谓“悬渡”者即此。虽至粗重如牛马，亦捆附以行。客皆惴惴恐，习者自若也。先是，八月初五日，阿墩委员蒋□□遣兵守溜筒江，蛮隔江放枪，我军还击之。蛮见兵重，初七日夜遁。殷司令前命李学诗为前卫司令，直趋盐井，学诗于十五日在溜筒江附近，与蛮开始攻击，毙喇嘛一人，蛮匪十六人，马二匹。蛮退至距江四十里之墨里村。既而蛮复麇至，斫断溜绳，距西岸滋扰。学诗命土目吉祥云纡道另设之，而命蒋委、黄弁率防军、土军各四棚过江，绕墨里村，与蛮遇，蛮断木桥死守。我军十五夜进攻，十六日午前三钟破之。计俘虏一、首级七，跳江死者二十余人，负创三十余人。我军无伤，仅打折九响枪一支，消费子弹千八百四十余颗。捷闻，殷司令急命学诗乘胜直捣盐井。

第五节　川都督第二次电阻滇军

滇军方进攻,川督又以滇军若占巴塘,则川军右臂全断,边藏用兵无从联络,电请大总统速阻滇军入巴,径捣拉萨。而大总统亦以“川省军声颇振,巴塘全守如初,苦两军逼处,殊多窒碍。电令滇督妥筹办法,勿使两军壅滞。至径捣拉萨之说,恐办不到,亦即妥酌。”滇督电陈曰:“此次藏乱,关系全局,迭奉大总统电饬川、滇会师进藏,早奠边疆。滇省距藏较远,加以饷项奇绌,然为大局计,不得不勉力出师。原拟取道珞瑜,徐规拉萨,旋因番氛甚恶,复饬取道巴塘,悉力援救,始改议径赴巴塘。诚以川边一日未靖,则国军一日不能入藏,故拟与川军协同一致,并力对外,期边境早日荡平。故前饬殷司令专以兵力助川,如收复地方,应请川军派兵驻守。至粮运刍秣,亦于丽、维、中甸设置兵站,源源接济,无须仰给邻封。且前因滇、川两军感情未洽,故此次切戒各将领对于川军须持亲爱退让之忱,以释前嫌,而顾大局。即各将领存心,亦只求为国家弥乱。川边粗定,即行撤还,经营善后,仍望川军。区区为国之忱,当为川都督所体谅。如仍存彼此疆界之嫌,而未谅兄弟御侮之意,则滇军惟有退保边隅,防番侵轶,藏中之事,仍让川军耳。”时巴塘川军参赞顾占文复拍电求援,略谓:“自定乡失守后,稻城、贡葛岭、三坝相继沦陷,西路江卡、乍了、三、贡觉亦先后不守。阴历五月十五日,定逆大股猛扑巴塘,我军迎击,擒杀过当,逆股乃退据四面,以老我师。巴军数少粮绝,何能远征?惟有稳守,以待外援。恳请都督抚邻之谊,酌拨西防军队,由中甸进攻乡城。占文另恳川督拨建昌兵由木里进攻贡葛岭,两路并举,使该逆不暇外扰”等语。滇督以定乡紧接中甸,实为唇齿相依,饬殷司令相机进行,互相策应。已而占文又告急云:“占文孤军坐困,兵单饷绌,羽书告急,蜀道难通。查边地在前清时,系川、滇两省共同保护。今各蛮构乱,意在祸蜀,亦即祸滇。前占文乞师,意在求攻乡城。现巴塘被围,势甚危迫。拟请移攻乡城之师,转解巴围,巴围解,则各蛮不攻自走。”同时又得印度马师周求援电云:“自英使干涉藏事,印度政府对于西藏进行之策,诸多阻挠。查前后中英、藏印条约,中国有统辖全藏主权。我前陆军进藏,英国并未过问。今乘危干涉,未免背约,请速妥商,早援藏急。”均经滇督先后入告。

第六节 滇军之收复盐井

八月二十六夜四时,滇军袭盐井县,克之。除击毙外,生擒蛮匪一人,并擒蛮官鲁宗甲约,余匪逃散,盐井克复。滇军到处,僧俗争相投诚,有“不怕川省尹都督,只怕滇省殷将军”之谣。殷司令以藏人信佛最笃,地方既有此谣,我军又复连捷,因其怯而取之,择其好而投之,则进取必易为力。乃令纵队长郑开文将所获蛮官拘留阿墩,其盐井委员张世杰先期避蛮氛匿阿墩,至是仍令回盐井暂摄县事,归滇军驻井官长节制,办理地方善后。时滇督出巡临安,殷司令电滇督行次告捷,并请转中央迅放大批饷银接济。

第七节 川都督三次电阻滇军

盐井克后,巴围遥解。九月初一日,殷司令以粮饷运济巴塘川军,并咨川督尹昌衡。久之,始得回电,谓“里塘、昌都次第克复,巴塘大路业已疏通,已派朱支队长统率回营,进取乡城、稻坝,向标长统率所部收复江卡、乍了。至盐井、雌犬两处,早已令顾占文分头进击。昌都附近之江卡、乍了,同普德格均为川省防陆军集中地,倘滇军踵至,无地可容。请告郑纵队长固安滇边,免致互碍。”殷司令报曰:“西藏为滇、川屏障,宁静山以东,蜀省应早为经营。乃自去冬及今,仅以空文号召,未见一兵出关。坐使叛番构乱,迭陷川边,谁之咎欤?滇军奉大总统西征之命,应巴塘、拉萨求救之请,顾全大局,克日出师。右规乡城,左规盐井,以为川军攻巴、里之声援。今盐井收复已念余日,乡城投诚已一月余,犹不肯自由行动者,一则为川军留有余地步,以敦睦邻之谊;一则须俟大总统明定权限,以为措手之方。西征既为国防问题,军费由各省分担。本军非有大宗协饷,非得中央命令,必不再越雷池一步,毋庸代为过虑。来电谓克复里塘、昌都等语,实为预占地步。但确于何日克复,由何方进取,甚愿事事实行,为纯盗虚声者一雪此耻。本军侦探队往来于江卡、昌都间,但见葛龙夏旦统大军驻嘉玉桥,扬言与川军不同覆载。而达赖转来藏文,亦甚愿结好滇军,同享共和。宁静山西,渺不见川军之踪迹。本军八月二十六日确收盐井,九月一日又确以粮饷接济巴塘,川军当能言之。足下坐守炉城,或难远见万里。忝在同学,敢质言之。"至是,而川、滇两军之恶感愈深矣。

第八节 殷司令清划分区域及经营波密之方法

滇军已得盐井,川督又令顾占文进击之。殷司令以前清划界立碑,以宁静山东属川,山西属藏;而盐井僻在山之西南,为滇军入藏必由之要道,令前军驻师盐井,而电请滇督转恳中央提出议案,速交参议院议决,明定滇、川权限,划分剿抚区域。以宁静山东责成川军,山西责成滇军。先由中央拨给巨款,俾得恢复领土。并称滇边接壤之珞瑜、波密等处,向不属藏,亦不属川,紧与怒求西北相错。现英人修路,已抵亚必、曲陇,距珞瑜仅九十里。拟以一军实力经营,以屯以守。川军能长驱入藏固善,否则以驻波密、珞瑜之师,一出江达而北,一渡穆楚河而西,近可以制叛番之死命,远可以戢强邻之野心,退亦可以与怒求打成一片。滇督据以入告,别电川督尹昌衡谓:"盐井为滇师入藏门户,且向系丽江土司所辖,感情素厚。故滇军一至,悉愿投诚。而为提军入藏办理善后计,暂行驻扎,以利转输,非有所利于其间,川军若欲进规拉萨,则藏地广袤,随地可以进兵,何必再拨营往攻,致使两军逼处？至贵都督所云军令必统于一人，自系确论，已饬殷司令遇事商承而行。仍望执事尽释猜疑，共维大局。”盖川督前电中央有“滇军必欲分进合击，则军令必统于一人”之语，故滇督报之如此。

第九节　各寺喇嘛之内向

初，殷司令至丽江，撰发藏文告示，劝谕各寺喇嘛，远近僧俗闻而化之。九月十二日，接擦瓦龙札夷、毕土两寺大喇嘛等禀称：“奉达赖命令，自古藏与云南共和无嫌。闻云南兵攻西藏，难免骚扰百姓。此次愿意共和，祈速示知，以使转禀达赖，言归于好。”殷司令报以“我大中华民国宗旨，本系五族共和，因西藏僧俗自相残害，大总统不忍坐视，令滇军进平藏乱，非滇与藏有嫌隙也。全藏僧俗如真心共和，则我军所到之处，应代办刍秣，支应乌拉，仍分别照市给价，决不轻取一物，妄杀一人。电请大总统准照民国宪法，选举议员赴北京参议政事，同享共和幸福。”殷司令复书后，并电请中央指示方略。

第三章　滇军撤还之概况及撤还后之波折

第一节　中央饬滇军撤师之命令

盐井收复后，川军忌之愈甚。川督借口于英人干涉，如滇军轻进，致酿交涉，其咎并不在川等语，入告中央。九月二十一日，奉大总统令："滇军援藏一节，现款难筹，英人干涉，民国初建，岂容轻启外衅？已交国务院速议办法，保我领土主权。至川边抚剿，尹督既自任专办，筹兵筹饷，悉由该督经营，滇自不必固争。刻下昌都等处均驻川兵，殷司令切勿轻进，转生枝节。"而滇督亦以本省财政奇绌，万难深入。惟有仍照前议，经营野人山、路瑜一带，从事改流，一以固滇、藏之边隅，一以防英人之侵轶，电令殷司令酌留陆军一大队、防军一、二营，余悉撤还。

第二节　殷司令撤师之感慨

殷司令奉命撤师，愤懑殊甚，迳电国务院曰："滇本贫瘠，自顾不遑。迭承大命，促令西征。而求救之文，又急于星火。我都督情不得已，始选将出师。三月以来，虽兵不血刃，而损失已巨。事方得手，忽饬驻井，忽饬还滇。承蝉脱一身，本可应机作息，而数千健儿分道远出，一瞬千里，何能操纵自如？在承号令不一，既已大失军心；在钧院朝令夕更，亦恐有妨军政。进既不可，退又不能，狼狈之间，责言交至。兴言及此，亦难堪矣！夫寥廓无垠，幕天席地者，此万里乌斯也。驱川同胞七千万以实之，不过如恒河之一沙，太仓之一粟耳。川、滇两军，为数几何？所谓不能容者，此可以觇川督之量矣！前清康熙时，大军入藏，一出西宁，一出青海，一出昌都，一出霍尔。如尹督所言，四军会集，不知如何险窘？更不知何以能容？岂三藏以外，别有地以处之乎？究竟川军出发若干人？占领若干阵地？何时克复巴、里？何时直抵拉萨？尚希明确指示，破我晦盲。否则别命上将，立统六师，风迅雷厉，荡平乌斯，此上略也。不然，则划分区域，明定权限，申命扑勇有志之某某省，明出间攻，分道合击，此中略也。再不然，则令近藏各省，相机殖边，以防为剿，以屯为守，观衅而动，进退裕如，此下略也。若徒耳食粗疏，夸大者之纸上军声，旅进而旅退之，以及仰外人之鼻息以为动止，坐使辉煌佛国，转瞬沉沦，莫如先发大命，饬滇班师，将来亡藏史上，若有滇军西征之一字一姓，滇军虽死，不为雄鬼以夺其魄，亦为厉鬼以击其脑。皇天后土，共鉴斯言！”电入，中央两调和之。

第三节　滇军留边之计划

九月二十六日，滇督电殷司令云：“西师撤退，本非得已：一则中央命令，未便违异；一则蜀军疑忌，殊难进行。若必悬军深入藏地，既属艰难，转瞬大雪封山，以天时、地利、财政、外交计，均属困难，不得不长虑却顾。现拟以郑开文任大理联长，姜梅龄任营边，但须审慎周详，免与外人接触，致开边衅。”殷司令复电云：“西藏大局，可为痛哭！至善后办法，谨遵示任郑榆关，任姜陆防统领，以贾子绶一大队、小炮二门、新炮二门、机关枪二挺、防军第四、六两营及殖边局侦探队隶属之，择地屯扎，相机经营。张贵祚统防军第五、七两营、省防第二营归并于五、七两营中，卫戍永北。余炮二门，机关炮二挺，暂留榆为后盾。承率大队返省。”此第一次营边之计划矣。

第四节　滇军撤后之情形

殷司令自奉命撤师后，即将盐井交川委员张世杰率川省逃勇百余人守之，滇军退扎觉弄。已而川军肆行抢掠，盐井复陷。滇军闻警驰救，世杰已逃，盐井官舍民房烧掠一空。滇军三路进击，擒斩甚多。殷司令以滇军一退，势必复出滋扰，请仍暂驻盐井震慑乱军。又虑大军一撤，惧有后患，请以国民军第四营驻瓮水，以防乡城方面，第六营驻阿墩，以扼盐井、波密方面，均隶张贵祚统辖。并令贵祚率第五营驻中甸，居中策应，饷械照旧由榆局支领。再以贾子绶编入榆联，暂驻丽江，川边肃清，即行退榆。又省防第二营前议归西防并五、七两营，惟丽水各属铲烟，需兵镇压，俟边事靖，由西防各营中抽防后，再为合并，均经滇督报可。

第五节　滇军营边之困难

姜梅龄之任留边也，对于边事多有陈说：一、关于滇藏边务须负完全责任；二、有关系之地方官应归节制；三、由军府受上等三级，直隶军府，统辖陆、防军；四、统领本部照旧协部组织；五、改土流官，由统领考察呈请军府任免；六、经费须有的款。否恐权限不一，殖边适以误边。殷司令具以上闻，滇督报云：“聘卿雅有办事才，而手腕殊嫌恢阔。正宜脚踏实地，缩小范围，不必骤升阶级，转多窒碍。”聘卿，梅龄字也。梅龄得书，愠曰：“梅无才识资望，安足任边？且营边之举，非梅自媒，愿随回省作自由国民。”再商之，梅龄辞益坚，殷司令知不可夺，又前奉中央电，珞瑜、盐井均须归川，是滇军对于藏地不能置喙，可以经营者仅怒求一隅，殖边局节费进行，自可了之，不可增兵糜饷。滇督然之，营边之事乃寝。初，丽江府守姚春魁兼任筹办怒求边务，号称得人。

六月间，第二师长李根源驻兵大理，请以春魁总办怒求边务，而以熊廷权代之，所有筹办事宜均由春魁督率办理。其石登、阿墩弹压委员及阿墩土勇并听节制调遣。蒋仁孝报效银一万元，作为经营边地之费，此项银两，发交姚总办作基本金，逐渐兴办怒求地方商业，收效之期，限以五年，滇督报可。至是，营边之事，乃归殖边总办焉。

第六节　殷司令撤师之决心

滇督屡令滇军撤还，殷司令以华封歌、刘钟俊、江映枢等引兵深入，占领藏地数十处，杨汝盛在乡城方面，又复剧烈战争，虽迭令其相机撤退，但必须设法妥筹，方保无虞。进军难，退军尤难，恐届时情况又变云。在殷司令之意，初不欲遽行班师也。十月七日奉中央电，谓滇督前称滇军交出盐井及因扰乱复井驻扎一层，疑窦颇多。川、滇同为民国领土，川军立功，原与滇军立功无异，该督与尹督应饬两军将士万不可稍存嫉娼，别有排构，致坏边局。适华封歌之师已抵毕土寺，寺中喇嘛均执哈达归顺。毕土辖地数百里，悉为收复，而珞瑜、波密亦骎骎内向。复奉中央电，谓波密系上年川军所定，应归何省管辖，亦由该督等协商。滇督以中枢脆弱，我军宜早日撤还，免滋中央之疑，而增川军之忌。至波密等处，将来易生，饬殷司令一并交还川军。殷司令得电痛哭，至是始决意班师。惟电陈乡城紧接滇边，滇军一退，边患堪虞，请中央责川督剿平乡匪已耳。

第七节　毕土僧俗之安抚

大队长华封歌自奉撤师之令，即于十月初七、八两日，率军由毕土出发，沿途僧俗挽留，有泣下者。先是有喇嘛名东宝者，丽江木土司子，幼年留学青海、西藏，通晓梵典，归而住锡于指云寺，远近僧俗宗之。滇军西征，延为宣慰大法师，所至僧俗皆洒然易心。闻我军东归，由红盐井与书于殷司令曰："自毕土寺附近投诚后，尹当、满觉二大属及闷空属之瓦补、根补、根工、腊大四村，均相率投诚。顷闻我军凯旋，深恐藏官沙旦古褒复来残害，愿永为滇民，请求保护。至达赖虽已令和，其宰相葛龙夏旦尚杀藏中赞成共和之僧俗多人。此次藏乱，皆此人所致，请电中央严加惩治。"殷司令饬前军将毕土投诚僧俗妥为安抚，并请滇督电中央严惩夏旦，以靖乱源。

第八节　进攻瓮水之分配

蛮兵之乱，以乡城为中坚，乡城距中甸仅六日程，乡匪一日未平，滇军一日未能遽撤。而木里接壤乡城，须与木里土司联络，始足制胜。十月下旬，大队长华封歌、左纵队长郑开文先后率师至中甸，时瓮水及东汪之乡匪，因川军由巴、里进攻，其一部分撤回防御，川军余约千数百人退扎上瓮水。右纵队长姜梅龄拟痛剿乡匪后，勒令永不犯边，然后撤回。遂派华封歌协同副官杨汝盛由瓮乡大道为主攻，参谋高荫槐率中队长杨承禄由两瓮小道为助攻，以副官朱家齐任输送粮秣，同时出发。而我军宣慰委员木标亦游说木里土司与滇军前后夹击，声势甚振。月杪，军抵瓮水，居民已尽逃匿，遂进取瓮水关，并派一中队前往搜索，不见敌人而还。盖乡匪闻我大举，即行逃遁矣。我军虑匪重来，暂驻瓮水，四出侦察后，知该匪无意犯滇，即行撤退。

第九节　川溃军之遣散

是月末，盐井委员张世杰及川溃军阑入滇界，其哨官杨秀荣持枪向李学诗威索粮米。我军管带刘钟俊执之，并诱其众缴出枪械，随捕获世杰及哨长刘锡章，殷司令饬将溃兵之有抢劫实据者，先行惩办，其驯良者给一月饷就地遣散。杨秀荣等暂为拘留,电商川督办理。已而川督为之乞命,乃悉纵之。

第十节　改释毕土僧俗之疑虑

先是,达赖致蒙藏事务局总裁喀喇沁王贡桑诺尔布书,诉驻藏大臣联豫及川军罪状,请贡总裁转陈中央。至是,大总统封复达赖位号,称为诚顺赞化西天大善自在佛,仍令主持黄教,而撤驻藏大臣及饬扰乱西藏之川军退伍以谢之。并为书致达赖,令滇军译成藏文,探送西藏。殷司令乃令毕土寺喇嘛赍之以往,并谕以中央已请达赖照旧看待在藏官吏军民及保全藏中愿意共和之僧俗,以释毕土附近居民疑虑。

第四章　西征军之凯旋

第一节　陆防军驻东之地点及其权责

十月末，滇军悉数撤出藏境，十一月十一日抵丽江。除撤省外，殷司令饬令扼要驻扎，其兵力配备如下：一、对于乡城、德格方面，防军则以张贵祚所统西防第五营之中哨、右哨及省防第二营之右哨，陆军则以贾大队长子绶所领之第四中队并炮兵一分队附轻炮一门驻中甸。二、对于红、白盐井、珞瑜、波密方面，防军则以刘钟俊所带西防第六营之中哨、左哨及第五营之左哨，陆军则以炮兵一分队附轻炮一门驻阿墩属之巴昧。三、对于扬渣、闷空方面，则以第六营之右哨分驻菖蒲筒、白汉罗一带，以贾子绶之第三中队驻维西，至贾大队本部及第一、第二中队均驻丽江，与中甸、维西遥为声援。防军归张贵祚节制，陆军归贾子绶节制，各负专责，以免互相推诿。

第二节　关于蒙古乱事之筹备

藏事粗平，库伦活佛哲布尊丹巴又称独立，而嗾之者实惟俄罗斯。俄图蒙古为瓜分之导火线，滇省介于两大，受祸必先，故滇督议举办全省乡兵，于各学校特受军事教育，购办军械，筹备饷糈，豫筹防御要塞为图存之计。特电殷司令倍道进省，共事图维。司令乃克日启程。

第三节　大总统之慰劳滇军

十一月二十九日，殷司令率军去丽江，十二月十日抵省城，沿途军纪肃然。奉大总统令曰："滇军讨匪绥边，师出以律，炎风朔雪，振旅而还。诸将士劳苦功高，殊堪嘉尚。出力官兵，俟滇督蔡锷呈报到京，再行优奖叙功。"殷司令擢中将，余褒奖有差。

第四节　滇军未竟之志事

是役也，滇军一扼于川军，一扼于经费，一扼于英人，故直捣拉萨之议不行，经营珞瑜之议又不行，识者惜之。殷司令自奉命班师后，汲汲以振边殖民为务，而困于饷项，不能自发舒。其驻丽江时，致书财政司曰："滇素贫瘠，反正后力谋自给，不敢仰赖中央，援川、援黔，师不宿饱。人民之负担甚重，当官之罗掘俱穷。自藏番构乱，民国动摇，我都督远虑国防，近忧边祸，上迫于大总统之严令，下迫于巴塘之乞援，节衣缩食，忍涕出师。承典兵以来，本拟牺牲性命，直抵拉萨。乃以滇、蜀失和，中道退阻，顿师境上，固我疆圉，此间亦大有事在。以目前兵额计，不过新军一混成协，防军十九营，确实预算，月共需银十三万元。不进行则已，进行自以横截片马之出路，并防藏番之勾通，屯兵殖边，讲求实业为方法。查中、维、丽三属，北接巴、里而达怒求，纵横三千余里。地广人稀，可屯可守。英人据我片马，煽我西藏，既由野人山修路至亚必、曲陇以横截出藏矣，又拟开通小金沙江以扼我长江上游，得寸进尺，隐患方长。若能宽筹经费，量移现有之防军，召集退伍之新军，屯田中、维，西营怒求，防兵侵略，断其沟通，此策之最上者。加以滇边一带，土沃矿饶，山货药材，亦称利薮。又其闲暇，生聚而利导之。不及十年,可以握全藏之商权,销强邻之兵气,即藏番不法,犹可以压其境而乘其隙。西南半壁,乃有备而无患。片马之失,可收之桑榆矣"云云。事虽不成,亦可见规划之远矣。

附　　录

分纂《云南光复纪要》小引

郭燮熙

往民国二年癸丑岁，燮熙奉蔡松坡都督委状，与剑川赵星澥式铭、大理张景中肇兴分纂《云南光复纪要》，而滇中道尹周惺庵为总纂。议定体裁，仿照王壬秋氏之《湘军志》，都计制题十篇：曰光复起源篇、光复上篇、光复下篇、军事纪要篇、建设篇、迤西篇、迤南篇、援川篇、援黔篇、西征篇（指西藏）。八阅月而全书蒇事，由周总纂汇呈军都督府，闻将付手民矣。会蔡公奉调入京，则以此书移交唐蓂赓都督，时阅数载，讫未付刊，后闻全稿竟遭佚失矣。窃以是书当设局编纂日，曾经蔡公几番审查易稿，然后写定，其一切记载，尚属翔实。此册三篇，乃燮熙所分纂者，今搜箱箧，底稿犹全。友人晋宁方子臞仙，平日留心滇南掌故，见而说之，因托转送云南丛书处，用备他日之甄择。若再寄书赵星澥索伊所撰之第一至第四等篇，再由星澥就近函知张景中之女婿，或能寻出所著遗稿三篇，则《云南光复纪要》一书，仍可为完璧也。因略叙述，以志诸篇首。民国十八年乙巳七月七日镇南郭燮熙理初识。

跋

学术之花静悄悄地开

辛亥百年之际,"云南文史书系"的又一新书——《云南光复纪要》正式与读者见面了。

这是继第一批五种图书——方树梅著、余嘉华点校《笔记二种》,蓝华增《诗论》,王运生《书中旅行记》,李孝友《娜嬛著稿》,李伟卿《荼蘼集》出版之后,云南省文史研究馆、《云南文史》杂志奉献社会的又一小小果实。

河清海晏,政通人和。在省政府支持下,云南省文史研究馆秉承"探寻古典,激发当代,研讨学术,繁荣艺术"的思路,整理国故,研论经史,弘扬传统,推出学术丛书,其事也微,其旨也宏。

《云南光复纪要》诞生于"十二五"开局之年。对书系而言从起步到腾跃,我们已嗅到热烈与渴望的气息。作者、读者,民间、官方……八方护持,期之者殷。毕竟,社会的成长,有赖于学术的进步——这就是"云南文史书系"新的历史背景。

愿她成长,愿她对人类的进步有益。

云南省文史研究馆